米本 清
宇都宮 仁
編

みらい

執筆者一覧

● 編集

　米本　清（よねもと きよし）　高崎経済大学
　宇都宮　仁（うつのみや ひとし）　大正大学

● 執筆者（五十音順）

芥川　一則（あくたがわ かずのり）	福島工業高等専門学校	第11章
宇都宮　仁（うつのみや ひとし）	大正大学	序章・第9章
大平　佳男（おおひら よしお）	帝京大学	第5章
木谷　耕平（きや こうへい）	旭川大学	第2章
河内　良彰（こうち よしあき）	佛教大学	第7章
関口　駿輔（せきぐち しゅんすけ）	石巻専修大学	第3章
孫　犁冰（そん りびん）	新潟青陵大学短期大学部	第12章
竹下　諒（たけした りょう）	中京大学	第6章
三浦　一輝（みうら かずき）	愛知学院大学	第10章
三木　潤一（みき じゅんいち）	東北公益文科大学	第4章
吉田　初恵（よしだ はつえ）	関西福祉科学大学	第8章
米本　清（よねもと きよし）	高崎経済大学	序章・第1章

はじめに

　本書は、経済学を初めて学ぶ入門者の方々に、可能な限り分かりやすい記述・内容により、学習をスムーズに進めていただくことを目標としてつくられています。ただし、各章はその分野の専門家によって執筆されているので、基本的な論点を見失うことなく、効率的に学習を進め、公務員試験の準備やさらなる応用などへもつなげていくことが可能です。

　本書が対象とする読者は、経済学を学習してみたいと思う全ての方々で、原則として高校生でも大体の理解ができるよう記述されていますし、経済学を専攻した大学・短大・専門学校生はもちろんのこと、それ以外の分野の学生、さらには社会人の方々でも、容易に読み進めることができる記述・内容になっています。経済学の中心的な枠組みには抽象的・数学的なものも多いのですが、具体例やデータなども活用し、なるべく身近な視点で学習が進められるよう工夫してあります。

　本書では、まず序章で経済学の概要について紹介し、Part 1では一つひとつの市場に関わるミクロ経済学と呼ばれる分野の議論を、Part 2では一国全体に関わるマクロ経済学と呼ばれる分野の議論を解説します。各章の冒頭ではその章で「学ぶこと」がはっきりと示され、本文はできる限りやさしい表現で書かれるとともに、重要な用語などは太字でしっかりと強調し、さらに「COLUMN」「練習問題」などによって基礎力・応用力がともに高められるようになっています。まずはこの本をパラパラとめくってみてください。多くの方々にとって、興味を持って最後まで読み進められる表現・構成になっていることが分かるはずです。

　経済学がどのような学問であるかについては本文の方でじっくり説明しますが、多くの大学などで基礎科目となっており、公務員試験などの出題範囲となっていることからも分かるように、社会の基本的なメカニズムを理解し、世の中について一定の水準で何かを語ったり、行動を起こそうとしたりするときに必須の学問となっています。最初から強い関心を持って学習を始める入門者の方々だけでなく、何となく興味を持たれた方々、何らかの必要に迫られて学習される方々にとっても、有益な一冊となれば、と期待しています。

　本書の企画は、株式会社みらいの稲葉高士氏の熱心なご提案と執筆者への呼びかけによってスタートしました。また、同社の編集者である西尾敦氏と不破広子氏には、多数の執筆者へのご連絡やとりまとめ・校正作業でのご支援など、さまざまな面でご尽力いただきました。執筆者を代表し、この場を借り厚く御礼申し上げる次第です。

2018（平成30）年9月

米本　　清

宇都宮　仁

はじめに

序章　経済学の基本

- **1** 経済学の考え方　／9
- **2** 経済主体と経済循環　／14
- **3** 経済学の各分野　／16
- 📖 練習問題　／19

Part 1　ミクロ経済学

第1章　需要・供給と市場

- **1** ミクロ経済学と需要・供給曲線　／23
- **2** 市場均衡　／27
- 📖 練習問題　／32

第2章　消費者の行動

- **1** 需要曲線　／34
- **2** 消費者余剰　／38
- **3** 弾力性　／41
- 📖 練習問題　／43

第3章　企業の行動

- **1** 企業の目的　／45
- **2** 各種費用曲線　／45
- 📖 練習問題　／54

第4章 市場均衡と経済厚生

1. 与件の変化 ／56
2. 市場における価格調整メカニズム ／59
3. 余剰分析による経済厚生の評価 ／65
- 練習問題 ／69

第5章 独占・寡占・ゲーム理論

1. 独占 ／71
2. 寡占 ／74
3. ゲーム理論と情報 ／76
- 練習問題 ／80

第6章 市場の失敗

1. 外部性 ／82
2. 公共財 ／87
3. 本章のまとめ ／89
- 練習問題 ／90

Part 2 マクロ経済学

第7章 日本経済と世界経済のこれまで

1. 高度成長期―経済大国への軌跡― ／93
2. 安定成長期―世界経済の停滞とアジアの発展― ／94
3. バブルの崩壊と失われた20年 ／97
- 練習問題 ／102

第8章　GDPとその他の経済指標

1. GDPとは何か　／104
2. GDPの算出　／106
3. 三面等価　／107
4. GDPの統計　／108
5. GDPの限界　／111
6. さまざまな経済指標　／111
- 練習問題　／115

第9章　有効需要と乗数

1. 有効需要　／117
2. 乗数メカニズム　／118
3. さまざまな乗数　／121
- 練習問題　／126

第10章　貨幣市場

1. 貨幣の機能と定義　／128
2. 貨幣供給　／131
3. 貨幣需要　／135
4. 貨幣市場の均衡　／139
- 練習問題　／142

第11章　経済政策

1. 財政政策　／144
2. 金融政策　／146
3. 財政の仕組み　／148
4. 社会保障　／150
- 練習問題　／155

第12章　国際経済

- **1** 国際収支　／157
- **2** 貿易　／160
- **3** 国際金融　／163
- **4** 外国為替　／164
- **5** 国際経済政策協調　／167
- 📖 練習問題　／169

引用・参考文献　／170

練習問題解答　／174

索引　／181

序章 経済学の基本

本章に関連する一枚

さあ、経済学を学びましょう！

　皆さんは「経済」や「経済学」といったものを自ら学ぼうと思い（もしくは、大学のカリキュラム上学ぶ必要があるなどして）、この本を手に取ったことでしょう。皆さんが今、「経済」や「経済学」に対して持つイメージはどんなものでしょうか？「お金もうけの話ですよね」「数学（数字）に強くないと、理解できないんでしょう？」「文化や環境の面とは相容れない分野だという気がする」等々、さまざまなものがあるでしょう。それらのイメージには、当たっている部分と、外れている部分があります。この章ではまず、「経済学」とは何かについて、簡単に解説していきます。

本章で学ぶこと

・経済学の考え方やその目的を確認します。
・経済学を学習する上で基本となる概念やキーワードを紹介します。
・モノやサービス、お金の流れがどのように捉えられるか解説します。
・経済学がどのような（細かい）分野から成り立っているか学びます。
・経済学はどのようなことに応用されているか、例を示します。

1. 経済学の考え方

● 経済学の目指すもの

　前のページで述べたように、皆さんの中には経済学が「お金もうけ」の学問だというイメージを持っている人がいるかもしれません。もちろん、経済学を学ぶことで（直接的・間接的に）ビジネスや日常生活において得をする、ということはよくあることですし、それを目的に勉強するのもよいでしょう。しかしながら、経済学は本来、個人的な「お金もうけ」だけを対象とした学問ではないのです。

　そもそも「経済」という言葉は、中国の古典に登場する「**経世済民**」に由来するといわれています。この経世済民は「世を経（おさ）め、民を済（すく）う」と読み、「天下国家をうまく治めて人々を救う」という意味です。さらに、英語で経済学を意味するeconomicsという単語は、ギリシア語のoikos（家）とnomos（法）に由来し、生活を向上させるための「家政（学）」に関連する言葉であるといわれています。こうした語源からも分かるように、「経済（学）」というのは本来、個人的な「お金もうけ」の学問というよりも、経済・社会一般を客観的に分析したり、人々の生活を安定・向上させるといった、高い理想を持つ学問なのです。その基礎となる理論や手法には一定の普遍性があり、ほぼ世界共通となっています。

　ですから、経済学の教科書には最初から「ある業種の会社を起業し、どんどん大きくする方法」「株を買って、1か月程度で大もうけする方法」「お得な買い物をする方法」などといった内容は出てきません。むしろ科学的な視点や、各界のリーダーの視点に立って「市場メカニズムをきちんと理解するための方法」「不況を克服し、失業者を少なくする方法」「より良い税制や公共事業、社会福祉のシステムを構築する方法」などが紹介され、そのためのやや抽象的な理論が示されたりします。皆さんからすれば、少しがっかりさせられたと思うかもしれませんが、その背景には上述のような問題意識があることを心の片隅に置きつつ、学習を進めてほしいと思います。

● 経済学の原点

　経済学の視野の中に、多くの人々やその人々が暮らす社会全体を含めるとき、最も基本的な経済問題は**資源の希少性**だということになります。経済学では、人々は**財・サービス**によって自らの欲望を満たすと考えます。財は（食料品や衣服のように）形のあるもの、サービスは（コンサートやマッサージのように）形のないものになります。資源が無尽蔵にあれば、財・サービスを全ての人々が完全に満足するまで生産することができますが、多くの場合、資源には希少性があります（つまり、そんなに多くありません）。

　これを踏まえて、経済学では**資源配分・所得分配**について議論します。社会全体では、限りある資源、例えば**労働**（人々の労働力）・**資本**（工場や機械設備など）・**土地**などの天然資源といった**生産要素**をうまく利用して財・サービスを生産し、それを何らかのルールに従って人々に分け与える、ということが日々なされています。ですから、経済学が課題とするのは、「**何をどれだけ**」「**どのように**」「**誰のために**」生産するか、ということです。例えば、皆さんが新聞の経済面などで目にするような、産業政策、機械化・AI化の推進（もしくは抑制）、税制や社会保障制度の改革、公共事業などといったトピックのほとんどは、結局のところ資源配分・所得分配に関わるものであると気づかされるでしょう。

　学生の皆さんは、社会・経済関連の目新しいアイデアなどを聞いたとき、「そんな良いことを、どうしてすぐ始めないのだろう」と感じたことがあるかもしれません。しかし、資源は有限なので、多くの場合、あることを始める（あるものを得ようとする）と他のことをあきらめなければならなくなります。このような関係を**トレードオフ**といい、あきらめたもの（厳密には、あきらめたものの中で最も高い利益を生んだはずのもの）のことを**機会費用**と呼びます。このような考え方に基づいた、現実に即した冷静な選択は、経済学の最も重要なテーマとなっています。

　なお、希少性が問題とならず、それぞれの人が好きなだけ利用できる財・サービス（例えば、草原地帯における空気や日光など）は**自由財**と呼ばれます。自由財に関しては、経済学で深刻な議論をする必要がないと分かるでしょう（もし、全ての財が自由財であるような「ユートピア」があれば、そもそも「経済学」自体、ほとんど必要とされないでしょう）。自由財以外の、希少性が問題となる多くの財・サービスを**経済財**と呼びます。

● ミクロ経済学とマクロ経済学

　この教科書の前半は、一つひとつの市場や相互の関係を詳しく見る**ミクロ経済**

学（微視的経済学）と呼ばれる分野に当たる章（第1章～第6章）、後半は、一国の経済などを全体的に議論する**マクロ経済学**（巨視的経済学）と呼ばれる分野に関連する章（第7章～第12章）になっています。一般的に、伝統的なミクロ経済学より、もともと大恐慌の時代に確立された分野であるマクロ経済学の方が、よりはっきりと「経済をよくする」といった目的意識を持っています。ノーベル賞を受賞した経済学者のミルトン＝フリードマン（Freedman, M.）は、マクロ経済政策の目的として「**景気（雇用）の安定**」「**物価の安定**」「**経済成長の達成**」「**国際収支の安定**」の4つを挙げています[1]。

● 科学としての経済学

経済学は社会科学の一分野ですが、かなり科学的な理論や手法が重視されるため、「社会科学の女王」と呼ばれたりもします。かつては、いわゆる単純な「議論」や「主張」などが中心的になされた時期もありますが、近年では現実のデータなどに基づいて**実証的（事実解明的）分析**をする場合が多くなっています。

経済学で特徴的なのは、単に細かい事実や因果関係を並べるだけではなく、ある程度理論的な**モデル**をつくっておいて、その是非を検証する、という手続きが取られることがしばしばある点です。そうしたモデルには、皆さんがこれから本書で学習する、需要・供給のモデルや、（マクロ経済学の）GDPを決定するモデルなども含まれます。

なお、実証的分析は通常、**価値判断**を含まない（つまり、自然科学のように「～である」といった事実のみの描写を中心とし、先入観に基づいた善悪などの議論を避ける）傾向があります。これに対して、社会福祉を論じる場合など、状況によっては「～すべきである」といった、価値判断を前提として議論をする**規範的分析**も行われます。

● 経済モデルと人々の行動

経済モデルを使って物事を表す際、一般的には人々（や企業）は何らかの目的を持ち、それに向かって最も効果的な行動をとると考えます。こうした行動のことを**合理的行動**といい、そのような行動をとる人を「**経済人**（homo economicus）」と呼んだりします。現実の社会には気まぐれな人もいますし、全ての人が最善の行動や選択をできるとも限りません。しかし、「何をしだすか全く分からない人」を科学的に分析することは困難ですし、また実際に、多くの人々はやはりそれなりの目的（好きなものを消費して満足するなど）を持ち、それぞれ手段を選びつつ行動していますから、少なくとも入門の段階では、経済学は合理的行動をとる人々を想定します。

人々が目的を持っているとき、組織や社会のシステムがその目的につながる動

機ややる気を引き出すようにデザインされているかという、**インセンティブ(誘因)** の問題は重要です。例えば複数の人々が共用している建物で、「毎日1人ずつトイレの清掃をすれば、いつもトイレがきれいに保たれる」ことが分かっていても、清掃の順番や、頑張った人やサボった人への評価の方法も決めなければ、一部の人しか清掃に参加せず、最終的には誰もやらなくなってしまうでしょう。経済全体の資源配分・所得分配の計画などに関しても、同様のことがいえます。

また、人々や企業、市場などは相互に関係しています。「風が吹けば桶屋がもうかる」ということわざがありますが、経済・社会の中では、ある変化が思ってもみなかった対象に影響を与える場合があります。良かれと思って実施した政策が副作用をもたらしてしまうようなケースは深刻であり、経済学はそうした相互作用に関して非常に気をつかっています。

COLUMN　人々は本当に合理的？

本節で紹介しているように、経済学にはさまざまな独特の考え方があります。皆さんからすると、すぐに納得できるものもあれば、どこか違和感を覚えるものもあるでしょう。「人々は合理的である」という仮定も、初学者が疑問を持ちやすい仮定の一つです。皆さんも「何となく」行動してしまうことがあるでしょうし、選択肢を全てじっくりと吟味するのではなく、感覚的に決めてしまうこともあるでしょう。実は、経済学の応用分野にはこのような(人間的な)行動をきちんと捉えようとする研究もあり、ウィリアムソン(Williamson, O.)などによる「限定合理性」の理論(人間の合理性は限定的であると考える理論)や、カーネマン(Kahneman, D.)やトベルスキー(Tversky, A.)による「プロスペクト理論」(人間の行動を実際に観察することで意思決定を特徴づける理論の一つ)などが有名です。たまに、経済学を勉強すると「理論通りに行動しなければいけない」などと、不自然な行動をとってしまう人がいますが、「ギャップを埋める」努力が必要なのは学問の方であって、皆さんの方ではありません。

● その他「一対」の概念

この節の前半でミクロとマクロの区別について紹介しましたが、経済学の世界にはそのような「一対」の概念が数多くあります。以下では、主要なものを簡単に紹介しておきます。

フローと**ストック**は経済的な価値などを測る際に重要な概念で、前者は(1年や1か月など)一定期間に生み出されたり支払われたりする額、後者はある一時点での額になります。例えば、ある家を買った場合の価格(ストック)は6,000万円ですが、これを借家として貸し出した場合の価値(フロー)は月10万円(年

間120万円)、などということになります。マクロ経済学で最も重要な概念であるGDP(詳細は第8章参照)は、年間で測りますからフローであり(近年の日本のGDPは毎年500兆円台)、国民の(正味)資産の総額に当たる国富は一時点で測りますからストックです(3,000兆円台といわれます)。指し示す価値の意味合いも桁も異なりますから、経済効果などを測る際、両者を単純に足し合わせたりしてはいけません。

　名目と**実質**も、経済学で重要な概念です。例えば皆さんもご存じだと思いますが、同じ1万円でも現代の価値と高度成長期の価値、明治時代の価値は全く違います。単に金額をそのまま示したものが名目値であり、現在の価値(もしくは過去のある時点の価値)に直して表したものが実質値です。実質値は、名目値を消費者物価指数・企業物価指数・GDPデフレーターなどの価格指数で割るなどして計算します。

　短期と**長期**の区別も、経済分析を行う上で重要です。区別の基準はいくつかあり、例えばミクロ経済学では多くの場合、資本設備など何らかの固定的なものの大きさ(例えば店舗面積など)を変えられないほど短い期間を短期、変えられる期間を長期と呼びます。その他、業界の企業数が一定かどうか(新規参入や廃業による増減があるかどうか)に関する区別、価格(物価)が変わってしまうかどうかに関する区別などがあり、文脈に応じて使い分けられます。短期、すなわち経済の一部が変化しない状態に関してなされる議論は、長期の議論と全く異なる場合が多いので、注意が必要です。さらに、短期と長期の概念に関連して**静学**と**動学**という学問的な手法の区別もあります。前者は主として一時点(もしくは一回限りの変化)に関わる分析を、後者はさまざまな状態の変化やその相互関係に注目した分析を行います。

　以上はどちらかというと技術的な「一対」の概念でしたが、より深い理論的なものもあります。**効率性**と**公平性**(衡平性・公正)は、必ずしも対立する概念ではありませんが、よくそのトレードオフに関して議論がなされます。例えば、社会福祉を手厚くすると公平性は高まりますが、勤労に関わるインセンティブなど

を阻害するので効率性は低下する、などといった主張です。なお、ミクロ経済学にはパレート最適（効率性）（第4章・第5章参照）という重要な概念がありますが、一般的な意味における「効率性」（単に無駄が少ない、ということ）とは少し異なり、厳密な定義が必要になりますので注意してください。

　市場経済と**計画経済**も、特に20世紀の経済・政治の世界で大変重要な対立軸となりました。前者は市場での自由な財・サービスの取引を前提とした経済で、**資本主義**の経済体制や財産の私有制などとも大きく関連してきました。後者は**社会主義**体制の政府などによる集権的な配分に基づいた経済で、1980年代まではかなりの国が導入していましたが、ソビエト連邦の崩壊後、これを志向する国は減少してきています。なお、市場経済を謳っている国でも、現代では市場に経済活動の全てを任せるケースはほとんどなく、政府が必要に応じてさまざまな関与を行っています。本書においてはこれ以降、特に断りのない限り、そのような経済（政府が一定の影響力を行使する市場経済）を前提として議論を進めることにします。

2．経済主体と経済循環

● 経済主体

　経済の中ではさまざまな人々や組織が活動していますが、何千万、何億通りという活動を一つひとつ追うだけでは、一般性のある議論はできません。そこで、経済学ではまず経済活動の基本単位として**家計・企業・政府**という三つの**経済主体**を考えます。家計は、通常のイメージとしてはほぼ「家族」に当たる主体で、消費によって満足（経済学では「**効用**」という）を得るとともに、将来の消費に備えて貯蓄を行います。また、多くの家計は働き手（労働力）を有しており、一部の家計は資本や土地などを所有しています。そのような生産要素を、所有者として企業へ提供することで、賃金・利子・地代といった所得を受け取ります。消費や貯蓄は、そうした所得からの収入によってなされています。なお、なぜ「家計」として個人ではなく家族を想定する場合が多いかというと、一般的に消費や貯蓄、労働その他の所得に関する意思決定・行動は家族単位でなされる傾向があるからです。

　企業は逆に、家計から労働など生産要素を雇用（購入）し、財・サービスを生産して家計に売ります。なお、もう少し細かく見ると、例えば部品などの「**中間生産物**」とよばれる財・サービスを生産する企業は、それを元請けの企業などに供給します。その後、加工されたり、組み立てられたりした財・サービスは結局「**最終生産物**」となって家計に売られます。

　市場経済だけで回っている国であれば、家計と企業の二主体だけで経済活動を

▶ 序章　経済学の基本

描写することができますが、現代においては、先述のようにほとんどの国で政府も重要な経済主体となっています。政府は税金（および公債による資金調達など）によって家計・企業から収入を得て、この二主体への公共サービスなどの供給を行っています。

> **COLUMN　産業や企業、家計のつながりを考慮した分析**
>
> 　本文中でも説明しているように、各主体は経済の中で密接に関係しています。特に「中間生産物」に関わるつながりは重要で、例えば自動車の生産に関して見ると、部品などを生産する企業から組み立てを行う企業、完成品を製造し販売する企業まで、相互に「下請け」「元請け」の関係にある企業が「川上」から「川下」までズラッと並んでおり、完成品（自動車）の売れ行きが伸びれば、全ての企業が影響を受けるでしょう。
>
> 　また、マクロ経済学で強調されることですが、生産量が増え、各企業で雇用されている従業員の人々の収入などが増えれば、その人々が消費を行うことで、自動車産業以外のさまざまな部門（商業など）にも効果が及ぶことになります。よって、例えば「経済効果の推計」などを行いたい場合、大変複雑なものになることが想像できるでしょう。
>
> 　そうした分析を総合的に行う場合、一般的には「産業連関分析」という方法などがとられます。また、企業間の（垂直的な）つながりに関しては、「サプライチェーン」（原材料の調達から生産・物流・販売までの連鎖）を専門とする研究者が行ったりします。本書の入門的な学習を終えたのち、本格的な分析に興味のある人は、ぜひ応用分野に進んでください。

● 経済循環

本節でこれまで述べてきた三主体間相互の関係を図に示したものが図序 − 1 の**経済循環**図です。実線の矢印は財・サービスの流れ、破線の矢印はお金（**貨幣**）の流れを表しています。「金は天下の回りもの」とも言われますが、共通の貨幣を媒介として、それとは逆方向にモノやサービスが流れていることが見て取れます。市場では**交換**が行われ、企業では中間生産物や最終生産物が生産され、別の企業や家計に供給されています。後の章でも議論しますが、ミクロ経済学はこうした経済循環が家計や企業の自由に任されている場合でも、基本的にはアダム・スミス（Smith, A.）が例えた「**神の見えざる手**」に導かれるようにうまく回ることを示します。しかし実際には、独占・寡占や情報の非対称性（詳しくは第 5 章を参照）、外部性や公共財の存在（詳しくは第 6 章を参照）といった**市場の失敗**などの問題もあります。そうした問題を補うため、政府は税収や公債収入によって公共サービスなどを供給しています。

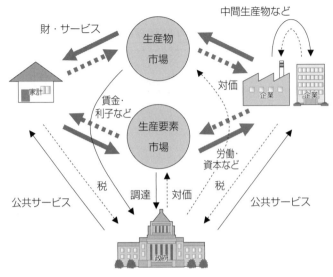

図序－1　経済循環

それぞれの経済主体は、このようにつながっています

3．経済学の各分野

● 経済学の系譜

　これから経済学を学ぼうとする皆さんは、最初から過去の経済学者の名前や業績など、経済学の歴史を詳しく学習する必要はありませんが、経済学というのは比較的学派がはっきりと分かれていて、それぞれの理論や主張も特徴的だったりするので、ある程度の予備知識を持つことは今後の理解の助けになるでしょう。さもないと、いくつかの本や研究者の意見が異なる場合などに、なぜそんなことが起きてしまうのか、どれが「正しい」のか、戸惑うことになるでしょう。

　大まかな状況は図序－2を参照してください。まず非常に初歩的なことでありながら、意外と一般の人々には知られていないこととして、経済学と経営学は学問分野としてはかなり遠い、ということが挙げられます。大学のコースなどでは「経済・経営系」などとして一括りにされる場合が多いものの、両者は成り立ちも手法も発想も異なる、全く別の領域です。ただし、相当の距離感があり、すみ分けもできているので、かえって両者の間で論争や対立といったことはあまり起きないようです。その他、関連分野としては商学や会計学なども挙げられます。

経済学自体は、**近代経済学**と**マルクス経済学**に大別されます。両者は「古典派」と呼ばれるアダム・スミスやリカード（Ricardo, D.）などの理論を共通の祖としますが、19世紀にマルクス（Marx, K.）の著作である『資本論』が書かれ、レーニン（Lenin, V.）などその後継者が現れるにつれて、他の分野とは明らかに異なる流れが形成されました。現在でも多くの研究者がこの流れに沿った議論を行っていますが、本書は近代経済学の研究者を中心として書かれているため、そちらの流れに興味がある人は、該当分野の書物を参考にしてください。

近代経済学は、さらに**新古典派経済学**と**ケインズ経済学**の分野などに分かれます。新古典派経済学は1870年代以降、ワルラス（Walras, L.）やマーシャル（Marshall, A.）などがかつての古典派経済学を引き継ぎつつ、「限界」や「均衡」などといった数学的により厳密な概念（第2章・第4章などを参照）を導入し発展させたもので、自由主義的な傾向がかなり強い分野です。一方、ケインズ経済学は1936年

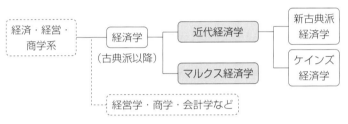

図序－2　経済学の学派（主なもの）

アダム・スミス
(1723-1790)

リカード
(1772-1823)

マルクス
(1818-1883)

ワルラス
(1834-1910)

マーシャル
(1842-1924)

ケインズ
(1883-1946)

にケインズ（Keynes, J. M.）が『雇用・利子および貨幣の一般理論』を書いたことで確立されましたが、大恐慌後という時代背景もあり、その理論はどちらかというと政府による市場への関与（いわゆる「大きな政府」）を肯定する立場で展開されました。1970年代以降、インフレーションなどが深刻化したことに伴って、再び市場重視の新古典派経済学が見直されるようになったという経緯もあり、両者の間ではいまだに議論が続いています。

　なお政治の世界に詳しい人は、上述のような経済学の諸分野の議論が、各国の政党の主張などにそのまま影響を与えていることに気づくでしょう。こうしたことからは、特に20世紀において、経済学がいかに政治・社会に対して大きな存在感を持ってきたかが推察できると思います。

● 応用分野など

　経済学の分野は、上述のように学派に従った分け方をすることもできますが、もっと単純に、分析対象などに従って分けることもできます。応用分野の教科書や大学の講義などには、このような分け方による名称がついている場合が多いので、自分の興味や必要性に応じたものを選ぶとよいでしょう。

　例えば、近代経済学のほとんどの応用分野は、ミクロ経済学かマクロ経済学をベースにしています。また、これらに用いられる数学に関しては**経済数学**、統計データなどを利用した実証的な研究のためには**計量経済学**の学習が欠かせません。対象を明記した分野としては、例えば、労働経済学・環境経済学・公共経済学・厚生経済学・開発経済学・国際経済学・地域経済学・都市経済学・財政学・社会保障論・金融論・産業組織論・ゲーム理論などがあります。さらには、経済学が発展してきた歴史を学ぶ**経済史**の分野もあります。

　研究者を目指すのでなければ、これらを全て学習する必要はありませんが、互いに補完し合っている分野もあるので、少しでも興味のあるものには一度ふれてみるとよいでしょう。

▶ 序章　経済学の基本

序章の練習問題

1．以下の文章の①～⑨に当てはまる適切な用語を答えなさい。
   ・経済学では、最も基本的な経済問題は資源の（　①　）性であるとされる。
   ・生産要素の中で、工場や機械設備に当たるものは（　②　）と呼ばれる。
   ・あるものを得ようとすると他のことをあきらめなければならないような場合、その関係を（　③　）という。
   ・希少性が問題とならず、好きなだけ利用できる財・サービスを（　④　）という。
   ・三つの基本的な経済主体は（　⑤　）・（　⑥　）・（　⑦　）である。
   ・生産要素市場で、企業に労働などを供給している主体は（　⑧　）である。
   ・ワルラスやマーシャルなどが「限界」「均衡」などの概念を導入し確立した経済学の一分野を（　⑨　）派経済学という。

2．以下の下線部について、適切なものに○をつけなさい。
   ・価値判断を前提として行う分析を①実証的・規範的分析という。
   ・GDPは②フロー・ストックの概念である。

3．この章を終えた時点で、あなたが興味を持っている経済問題を書きなさい。また、あなたが今後学習してみたい経済学の分野やトピックを書きなさい。

Part 1

ミクロ経済学

第1章〜第6章では、ミクロ経済学に関連する議論を紹介します。一つひとつの市場をどのように見るか、相互の関係はどうなっているか、現実の問題に対しどうやって応用できるか、といったことを、基礎から中級クラスまでのトピックにふれながら解説していきます。経済学、特にミクロ経済学のツールには独特なものが多いので、慣れるまでは近寄りにくい部分があるかもしれません。ただ、それらのツールはほぼ世界共通であり、一度覚えれば世界中の経済関連の議論がもっと身近に感じられるでしょう。本書では具体例を挙げながら、なるべく丁寧に説明していきます。

第1章 需要・供給と市場

本章に関連する一枚

これはある市場の写真です。市場では売り手と買い手が出会います

　市場で取引される財やサービス、例えばフルーツには価格がついています。価格は、そのフルーツの人気が高まると上がったり、収穫量が多くなると下がったりします。それに応じて、皆さんも買うのをあきらめたり、逆にいつもより多く買ったりするなど、消費者（買い手）としての行動を変えた経験があるかもしれません。

　では、価格というものはどのように決まるのでしょうか？　市場では、売り手と買い手はどのような行動をとり、結果として経済はどのような状態になるのでしょうか？　第1章では、まず市場メカニズムの基本から学習します。

本章で学ぶこと

・需要曲線・供給曲線の基本的な意味を理解します。
・市場均衡を特徴づける典型的なグラフを紹介します。
・初歩的なグラフの読み方や、使い方を学びます。
・均衡とはどのような状態か、簡単に解説します。
・グラフによってどんなトピックを論じることができるか、例を示します。

1. ミクロ経済学と需要・供給曲線

● 需要曲線・供給曲線とは？

　前章でも紹介しましたが、経済学のうち**ミクロ経済学**（微視的経済学）と呼ばれる分野では、個々の市場の状態や、さまざまな出来事に対して市場がどのように反応するか、といったことを学習します。まず慣れてほしいのは、図1－1のような典型的な**需要曲線・供給曲線**のグラフです。「グラフ」というと難しく感じるかもしれませんが、図のように×の形で曲線（または直線）がクロスしているという、シンプルなものです。ミクロ経済学の分野では、入門レベルの多くのトピックが、このグラフやその応用版によって説明されるので、少し苦手だと感じる人も最初にマスターしておきましょう。なお、この章では主に初歩的なグラフの紹介のみを行います。需要曲線についての詳しい説明は第2章を、供給曲線については第3章を、両曲線を同時に描いて行うさまざまな議論については第4章以降を、それぞれ参考にしてください。

　図1－1のようなグラフは、何らかの財やサービスの市場の状態を表しています。例として、この節ではある町におけるケーキの市場を表しているとしましょう。グラフの横軸は「量」（需要・供給される量）で、縦軸は「価格」です。通常は、右下がりの曲線（左上から右下に引いてある曲線）が買い手（生産物の場合は家計・消費者）の行動に対応する需要曲線で、もう一方の右上がりの曲線が売り手（生産物の場合は企業・生産者）の行動に対応する供給曲線になります。最終的には、クロスしている部分で価格や量が決まる、という結果が得られるのですが、図1－1にはさまざまな曲線（直線）や数字が用いられているので、一

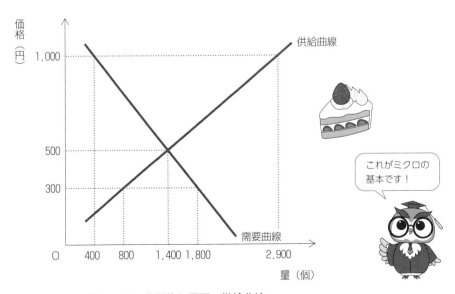

図1－1　典型的な需要・供給曲線

度このグラフを分解して、より基本的な部分から見てみましょう。

● グラフと曲線

　図1-2は、曲線を描く以前の段階です（皆さんの多くは、中学・高校でもこうしたグラフに親しんできたと思いますので、「十分理解している」という人は次の図の説明に進んでください）。

　グラフ上の点は、その横と縦の位置で測ります。例えば図1-2の左側の図（点A）では、量が1,400（個）、価格が500（円）です。今後、図がどんなに複雑になっても、点は必ずこのように（横と縦の位置で）読みますので、忘れないでください。

　図1-2の右の図には、左上の方向にもう一つ別の点（点B）を加えてみました。新しい点（点B）は、量が400（個）、価格が1,000（円）になっています。このように、点が左上の場所にあると、横方向には数値が減り、縦方向には増えることに注意しましょう。「価格が高くなると、需要される量が減る」といった関係が表現されることになります。なお、点Bから右下にある元の点（点A）を見れば、逆に横方向の数値が増え、縦方向には減る、つまり「価格が低くなると、需要される量が増える」という関係を表しているともいえます。

　図1-3は、左上ではなく右上の方向に点（点C）を加えた図です。この点では、量が2,900（個）、価格が1,000（円）になっています。点が右上にあると、横方向・縦方向どちらの数値も増えますから「価格が高くなると、供給される量も増える」といった関係が表されることになります。点Cから左下にある元の点（点A）を見れば、逆にどちらの数値も減る、つまり「価格が低くなると、供給

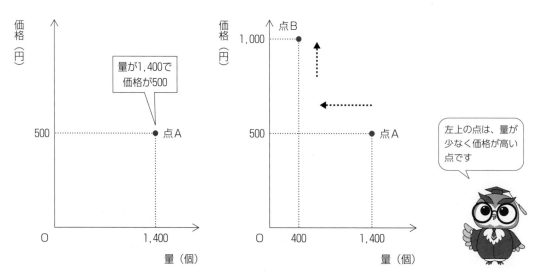

図1-2　グラフの読み方（1）

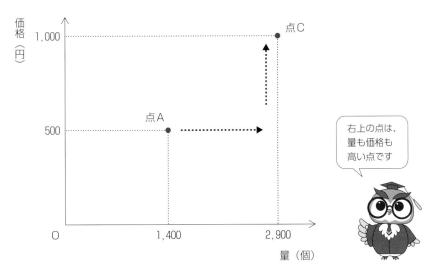

図1-3　グラフの読み方（2）

される量も減る」という関係が表されているともいえます。

なお、中学・高校ではマイナスの部分を含むグラフ（第二～第四象限）に関しても学んだかもしれませんが、経済学の初歩では、価格や量のようにマイナスにはならないものを取り扱いますので、プラスのみの部分（第一象限）を描くのが一般的です。

● 需要曲線と供給曲線を描く

ここまで準備ができたところで、さっそくケーキの需要曲線と供給曲線を描いてみましょう。図1-4は、それぞれの曲線を別々に描いたものです。まず左側の図は買い手（この場合は消費者）の行動を表す需要曲線で、価格が1,000円のときはケーキを400個購入し、500円のときは1,400個、300円のときは1,800個買うという関係を示しています（このように、そのときの状況に応じて実際に購入しようとする財・サービスの量を**需要量**といいます。買い手の購入欲求を一般的に示す「需要」という言葉との区別に注意してください）。需要曲線は、実際に経済を観察して描かれることもありますし、アンケートなどによって人々の意向を聞いて求めることもあります。また、一定の仮説や理論に基づいて設定されることもあります（詳細については第2章などを参照してください）。図で示した3つの価格以外の価格が提示された場合も、実際には何らかの量が購入されるでしょうから、関係は曲線（直線）で表されます。通常、人々は価格が安いとより多くの量を購入しようとするので、曲線は右下がりになることが分かるでしょう。なお、この曲線はよくDemand（需要）の頭文字Dで表されます。

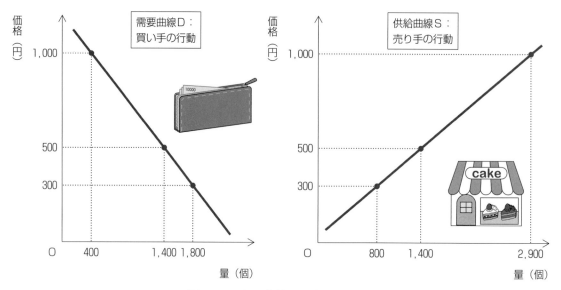

図1-4　需要曲線と供給曲線を描く

　図1-4の右側の図は売り手（この場合は生産者）の行動を表す供給曲線で、価格が300円のときはケーキが800個生産され、500円になると1,400個、1,000円のときは2,900個つくられるという関係を示しています（需要「量」の場合と同様、各状況に応じて実際に売られようとする量のことを**供給量**と呼びます）。この曲線はSupply（供給）の頭文字をとってＳで表しますが、生産者は価格が高いとより盛んに生産・販売を行うことが多いので、多くの場合、右上がりになります。図1-4の左側の曲線と右側の曲線を同じグラフの上に描くと、最初に見た図1-1が完成します。同じグラフ上に需要・供給両方を書くことで、買い手と売り手が同時に取引を行う「市場」を表現できるのです。

COLUMN　どちらが横軸・縦軸？

　一般的に、数学の授業では因果関係のうち原因（ｘ）の変数を横軸に、結果（ｙ）の変数を縦軸にとるよう習います。需要・供給曲線は「価格」に対する買い手や売り手の反応（消費・生産「量」など）を表すので、価格を横軸に、量を縦軸にとらなければならないのでは？　と思った人は、よいセンスを持っている人かもしれません。ただし、色々な経緯があって、経済学では慣例として価格を縦軸に、量を横軸にとる場合が多くなっています。

2. 市場均衡

●均衡とは？

　図1-5は、前節の需要曲線と供給曲線（図1-4）を同じグラフ上に描いたもので、基本的には本章の冒頭で示した図1-1と同じものです。皆さんもご想像の通り、典型的なケースでは、結局この市場は需要曲線と供給曲線がクロスする点で落ち着きます。複数のものが釣り合っている状態を一般的に「**均衡**（equilibrium）」と呼びますが、経済学では需要と供給（需給）を釣り合わせるこの点を「均衡点」と呼びます。

　この点で需給が釣り合うかどうかは、均衡点に対応する価格（**均衡価格**）に対する需要量と供給量を確かめれば分かります。価格が500円のとき、（需要曲線から）需要量は1,400個であり、同時に（供給曲線から）供給量も1,400個なので需給は一致し、供給されたケーキは全て消費されます。このときの取引量を**均衡取引量**と呼びます。

　ところで、価格がこの点より高くて1,000円の場合、（需要曲線から）需要量は400個にとどまり、（供給曲線から）供給量は2,900個になることが分かります。つまり価格が「高過ぎる」ので、消費者はケーキを買おうとせず、これに対して生産者は頑張ってつくってしまう、という状況になってしまうわけです。供給量が需要量を上回った分、つまり「売れ残り」に相当する分（この例では2,500個）は**超過供給**と呼ばれます。一般的には、「売れ残り」が生じるような場合には価格は下がり、均衡価格に近づきます。

　また、価格が均衡点より低くて300円の場合、需要量は1,800個になりますが、

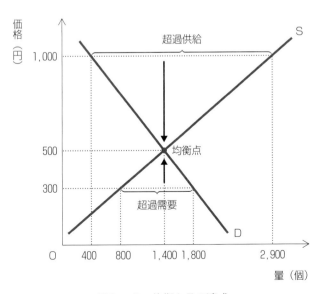

図1-5　均衡とその達成

供給量は800個に過ぎません。価格が「低過ぎる」ので消費者はたくさん買おうとしますが、生産者はそれほどつくりたくない、という状況です。需要量が供給量を上回った分、すなわち「不足」する分（この例では1,000個）を**超過需要**といいます。通常、このような場合は価格が上昇します。

　結局、均衡点においては需給が釣り合って過不足が生じませんので、通常の場合、市場はここに落ち着きます（なお、本当にこの点に到達するのか、ずっとこの点に「落ち着く」のか、といったより細かい議論は第4章を参照してください）。これを踏まえて、ミクロ経済学の大半の議論は、消費者と生産者が自発的に取引を行っている市場では、均衡価格と均衡取引量が達成されるものとして進められます。

● 均衡と経済分析

　皆さんはここまで読んできて、どんなことを感じたでしょうか。「経済学って、面白そうだ」と思っていただければよいのですが、「グラフや数字、聞いたことのない用語が出てきて難しそうだ」とか「ケーキの値段や取引量を説明するのに、モデルなんか必要なのだろうか」などといった感想を持ったかもしれません。確かに、ある町のケーキの価格が500円で、1,400個売れているということだけを説明するのに、図1-4のようなグラフを用いるのは少し大げさ過ぎるかもしれません。

　しかし、単に「500円で1,400個売れている」ということだけを説明するのではなく、何らかの「変化」を説明するとなったら、話は別です。例えば消費税などが上がった場合、何個売れるかを予想するには「（現在は）500円で1,400個」という情報だけでは、どうしようもありません。ケーキの原材料の価格が上がったり、経済政策の結果、人々の所得が上がった場合などの変化にしてもそうです。市場で実現する新しい「均衡」を知るには、需要曲線や供給曲線を引き、それらを動かしたりして、新しいクロスの点を探さなければなりません。そのように、経済状況が変化した際の均衡点の動きを調べることを**比較静学**といい、ミクロ経

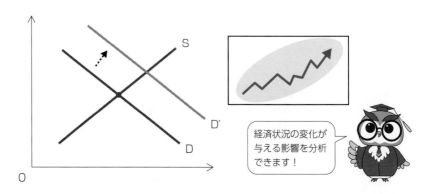

済分析の第一歩として、さまざまな検証に用いられたりします（そのような分析の基礎については、第4章を参照してください）。

なお、比較静学以外にも、各市場（例えば株式市場）が安定的かどうかに関する分析がなされることもあります（安定的な均衡は、「安定均衡」と呼ばれます）。また、本章では一つの市場（例として、ケーキの市場）の均衡について紹介しましたが、これは厳密には**部分均衡**と呼ばれるもので、多数の市場（理論上は全ての市場）の均衡を取り扱う**一般均衡**や、ゲーム理論などで用いられる**ナッシュ均衡**（ゲーム理論については第5章を参照してください）といった概念もあります。

● 市場均衡は「良い」か？

市場で均衡が達成されるか、どう変化するかといった分析のほかにも、均衡に関連する重要な分析があります。それは均衡が「良い」ものであるかどうかに関わる分析です。これまで説明してきたように、市場均衡というのは売り手と買い手が自発的に取引を行ったときに達成されるもの、つまり人々による「自由」な行動の「結果」に当たります。この「結果」が、社会的に見て「良い」ものであるという保証はありません。「良い」かどうか考えるためには、まず「良い」とはどういう状態を指すのか考えなければなりませんし、さらには、市場均衡がその状態に一致しているかを確かめなければなりません。前章で書いたように、実は、市場がうまく機能しているときには「神の見えざる手」の力によって両者は一致するのですが（これを、**厚生経済学の第一定理**といいます）、この証明にはさまざまな知識が必要です。もう少し詳細な議論については、第4章や第6章を参照してください。

市場均衡が「良い」かどうかということは、市場経済と計画経済のどちらが優れているかといった、政治的・社会的に見てとても大きな問題にも直結するので、これまでさまざまな方法で検証されてきました。さらに、応用分野の研究では、たまに均衡が2つ以上存在する「複数均衡」という状態が出現することがあります。複数の均衡があり得るということは、「放っておくと、経済がどちらの状態になるか分からない」「相対的に『良い』均衡と『悪い』均衡があり得る」ということでもあります。例えば、ある町の人々が協力して高水準の生産を行うような「均衡」と、人々がやる気を失ってほとんど生産を行わないような「均衡」の2通りがあり得る場合、どういう条件が整えば前者の「均衡」が達成されるか、といった分析が行われたりします。

なお、注意しなければいけないのは、何らかの原因で「（安定）均衡」が「良くない」ものであると分かっても、その点以外に経済の状態を持っていこうとすることは容易ではない、ということです。前章でも書いたように、人々は基本的に「合理的」な行動を取ろうしますから、いくら「均衡」以外の点に「とどまれ」

といっても、少しでも目を離すとまた元の地点に戻ってしまいます。例えば、環境問題に対して行政機関が何らかの「指導」を行ったとしても、それが各主体にとって経済的に「合理的」なものでなければ、強制力がなくなり次第、みんなまた元の行動を始めてしまうでしょう。経済学以外の学問分野では、それを「けしからん」といってとがめたり、裁判に持ち込む方法を考えたりしますが、経済学では多くの場合、何とかして「均衡」の方を「良い方向」へ移動させようとします。つまり税金をかけるなど、さまざまな方法で人々が「放っておいても」望ましい行動をとるようにするのです。

● **価格規制の結果**

本章の最後に、政府などが何らかの目的を持ち、価格を均衡価格以外に規制しようとすると、何が起きるかを見てみましょう。図1－6は、政府が困窮している借家人のために家賃統制を行った場合を示しています。本来1か月80,000円で2,000戸が貸し出されていたところ、家賃が50,000円に統制されると、借り手は（安いので）2,500戸借りようとしますが、貸し手は1,400戸しか供給しません。ギャップがある場合、通常は少ないほうが実現すると考えられますから（「**ショートサイドの仮定**」といいます）、1,100戸分は「借りたい人はいるが、借りられない」状況となります。結果として、「安く借りられる人」と「全く借りられない人」が生まれてしまい、元々の状態と比べて必ずしも「社会が良くなった」とはいえない結果になってしまいます。

図1－7は、逆に価格を高くした場合です。典型的なケースとしては、（アルバイトなど）労働の需給に関して、最低賃金を高く設定する場合などが挙げられます（なお労働の場合、供給するのは通常は家計で、需要するのは企業になることに注意してください）。図からは、元々時給900円で5,000人が雇用されていましたが、最低賃金を1,200円にすると働きたい人が6,000人出てきますが、実際に雇われるのは4,000人になってしまい、2,000人分の「失業」が生まれてしまうことが分かります。結果として「高い賃金で働ける人」とともに「失業者」が出て

しまう状況も、元の状況より「良い」とは限らないでしょう。

このように、需要・供給曲線の図を用いると、「均衡」以外の場所に経済を持っていくと思わぬ「副作用」が生まれてしまうことなども、容易に示すことができます。

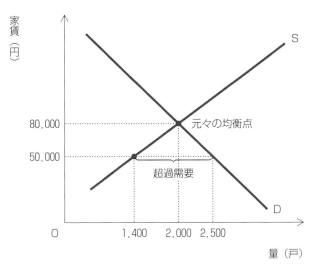

図1－6　家賃統制の効果

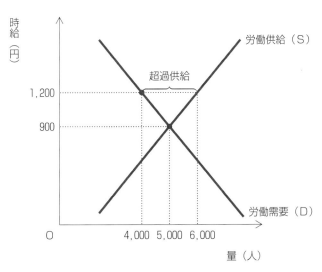

図1－7　最低賃金制度の効果

第1章の練習問題

1. 以下の下線部ついて、選択式の場合は適切なものに○をつけ、空欄の場合は当てはまる用語を答えなさい。

   需要曲線は、①買い手・売り手の行動に関して、価格と需要量の関係を表す。また供給曲線は、②買い手・売り手の行動に関して、価格と供給量の関係を表す。通常、両者の交点に対応する価格は ③ 価格となる。これより価格が高いと④超過需要・超過供給が生じ、低いと⑤超過需要・超過供給が生じる。

2. 以下の図では、銭湯（入浴）に関する需要・供給曲線を示している。

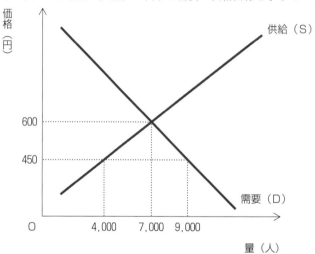

   入浴料金を450円に統制すると、何人分の超過需要または超過供給が生じるか。

3. 【応用問題】

   ある財の価格をp、需要（供給）量をxとするとき、

   需要曲線：$p = -2x + 1,100$
   供給曲線：$p = x + 200$

   と表されるとする。両曲線の交点における価格pと量xを求めなさい。

第2章 消費者の行動

> 本章に関連する一枚

> これはスーパーマーケットで買い物をしている消費者の写真です。何かを買うということについて考えてみましょう！

　私たちは日々の生活の中で、たくさんの買い物をしています。買い物で、何をどのくらい買うのか決めるとき、私たちは値段や持っているお金（予算）などさまざまなことを考慮します。ここでは、消費者が何をどのくらい買うのかという行動を、経済学ではどのように考え、表現するのかを学びます。そして、前章で学んだ需要曲線について、より深く理解することを目指します。

本章で学ぶこと

・需要とは何かを理解します。
・需要曲線の意味と表し方を理解します。
・消費者が、取引に参加することで得られる便益について学びます。
・価格変化と購入量との関係を、弾力性という考え方を使って解説します。

1. 需要曲線

●需要とは？

　私たちは普段、スーパーマーケットやコンビニエンスストアなど、さまざまな場所で買い物をします。買い物をするのは、パンやジュースなど、形のあるものだけではありません。散髪やクリーニングなど、形がないものを買うこともあります。経済学では、形のあるものを「財」、形のないものを「サービス」と呼びます。私たちは、日常生活の中で、財とサービスの両方を消費しています。この章では、単に財と呼ぶときは、財とサービスの両方を意味することとします。

　私たちが買い物をするときは、自分が何をほしいのかということだけではなく、価格や自分が持っているお金（予算）を考えながら、何をどれくらい買うのかを決めています。この「ある財をどのくらい買うのか」ということを経済学では**需要**と呼びます（英語では、「Demand」と呼ぶため、ミクロ経済学で「D」という文字が出てきたときには、需要を意味します）。また、前章でもふれたように、ある価格のときに、具体的に購入しようとする財の量を**需要量**と呼びます[1]。例えば、ケーキが500円のとき、ある消費者が5個のケーキを買うとします。このとき、需要量は5個です。

●需要曲線とは？

　需要はどのように表現することができるでしょうか。経済学では、需要をグラフや表、数式によって表現します。価格がいくらのときに、その財をどのくらい買うのかという関係、すなわち価格と需要量との関係をグラフで表したものを**需要曲線**と呼びます。価格と需要量の関係を表で表したものを需要表、数式で表したものを需要関数と呼びます。ここでは、需要曲線と需要表について学びます。

　表2-1は、ケーキについてのAさんの需要表です。Aさんは、ケーキ1個の価格が150円のとき、12個のケーキを買います。ここで、もし価格が上がると、Aさんが買うケーキの数は少なくなります（例えば、価格が250円になると需要量は10個に減少します）。多くの場合、ある財の価格が高くなると、消費者はその財の購入量を減らします。「所得など他の要因が変わらなければ、ある財の価格が上がると買う量が減る」という関係を、**需要法則**といいます。これは私たちが日常的に行っていることであり、直感的にも理解しやすいのではないでしょうか。

　なお、価格が上がると需要量が減るという関係は、言い換えると、価格が下がれば需要量が増えるということです。表2-1を上から下に読めば価格が上がると需要量が減るという関係になり、下から上に読めば価格が下がると需要量が増えるという関係になります。どちらも同じことをいっています。

---

[1] より正確には、ただほしいと思っているだけではなく、予算の裏づけがあり、実際に買うことができる量のことです。

表2-1 ケーキの需要表

価格（円）	需要量（個）
0	15
50	14
100	13
150	12
200	11
250	10
300	9
350	8
400	7
450	6
500	5
550	4
600	3
650	2
700	1
750	0

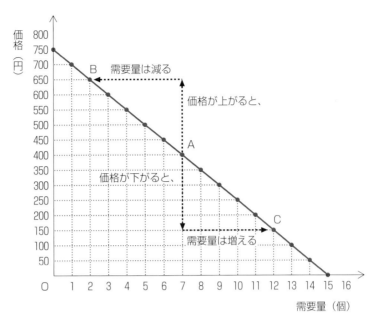

図2-1 ケーキの需要曲線

　では、この関係をグラフで表すと、どのようになるでしょうか。Aさんの需要曲線を表したものが、図2-1です。これは単に、需要表（表2-1）を縦軸が価格、横軸が需要量のグラフに表したものです。第1章でもふれましたが、中学・高校の数学で学んだように横軸（X）の値が与えられて縦軸（Y）の値が決まるのではなく、ミクロ経済学では、縦軸（価格）が与えられて横軸（数量）が決まるということに注意してください。

　価格が上がれば需要量は減るので、需要曲線は右下がりとなります。例えば、図2-1で価格が400円から650円に上がると、需要量は7個から2個に減ります。これは、グラフ上では点Aから点Bへの移動として表すことができます。すなわち、価格が上がれば、需要曲線上を左上に移動します。一方で、もし価格が400円から150円に下がると、需要量は7個から12個に増えます。これは、点Aから点Cへの移動として表すことができます。

　ところで、この図では需要曲線は直線となっていますが、必ずしも直線であるとは限りません。また、直線の需要曲線の場合でも「曲線」と呼ぶことには違和感があるかもしれませんが、直線は曲線の一種なので、直線の場合でも需要曲線と呼びます。

● 市場の需要曲線

　市場でケーキを購入するのは、Aさんだけではありません。ほかにも多くの人がケーキを購入するでしょう。ここでは、市場全体の需要曲線をどう表すのかを

考えてみましょう。

今、Aさん以外に、BさんとCさんがケーキを買うとします。表2－2は、Aさんの需要表にBさんとCさんの需要を加えたものです。市場全体の需要量は、各価格のときの3人の需要量を足し合わせることで求めることができます。例えば、表によると、価格が500円のとき、Aさんは5個、Bさんは3個、Cさんは6個のケーキを購入します。すると、価格500円のときの市場全体の需要量は、5＋3＋6＝14個となります。他の価格でも同様です。

図2－2は、表2－2をグラフに表したものです。市場全体の需要曲線は、各人の需要曲線を水平（横）方向に足し合わせたものであることを確認してみてく

表2－2　3人の需要表

価格（円）	需要量（個）			市場全体の需要量
	Aさん	Bさん	Cさん	
0	15	13	16	44
50	14	12	15	41
100	13	11	14	38
150	12	10	13	35
200	11	9	12	32
250	10	8	11	29
300	9	7	10	26
350	8	6	9	23
400	7	5	8	20
450	6	4	7	17
500	5	3	6	14
550	4	2	5	11
600	3	1	4	8
650	2	0	3	5
700	1	0	2	3
750	0	0	1	1
800	0	0	0	0

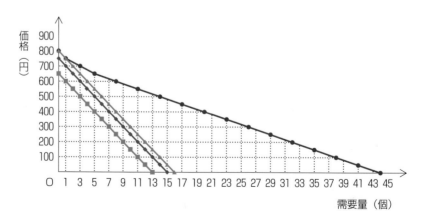

図2－2　個人と市場の需要曲線

▶第2章　消費者の行動

ださい。

　実際の市場にはもっと多くの消費者がいます。それでも、各価格についてすべての消費者の需要量を足し合わせる、という需要の求め方は変わりません。

● 需要曲線のシフト

　需要曲線は、価格と需要量の関係を表しています。しかし、私たちが何をどれだけ買うのかは、その財の価格だけで決まるわけではありません。予算がどのくらいなのか、似たような財の価格がいくらか、などの要因も私たちの意思決定に影響するはずです。こうした価格以外の要因の変化を、グラフ上ではどのように表現することができるでしょうか。

　価格以外の要因の変化が需要に与える影響は、需要曲線のシフトとして表現します。例えば、給料が上がると使える予算が増えます。すると、財の価格は変わらなくても、より多くその財を購入するかもしれません[★2]。例として、価格400円のときに、その財を7個買うとします（図2－3の点A）。今、所得が増えたので、価格は400円のままでも、その財を16個買うとします（点B）。どの価格においてもこうした変化が起こるはずです（150円で12個買っていたのなら21個買う）。価格が一定のまま需要量が増えるので、これは、需要曲線の右へのシフトとして表現することができます。こうした需要曲線の右へのシフトを「需要の増加」といい、左へのシフトを「需要の減少」といいます。

> ★2
> 所得が増えたときに需要が増えるかどうかは、その財によって異なります。例えば、お金があるとより質の高い食事を求め、インスタント食品の需要は減るかもしれません。所得が増えたときに需要が減る財を下級財（または劣等財）、増える財を上級財（または正常財）、変わらない財を中立財と呼びます。

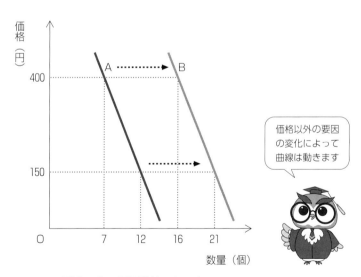

図2－3　需要曲線のシフト

> **COLUMN　価格が上がると需要量は必ず減る？**
>
> 　この節では、価格が上がると需要量が減るという関係（需要法則）を学びました。しかし、価格が上がると需要量は必ず減るのでしょうか。価格が上がると需要量が増えるということはないのでしょうか。財によっては、そのようなことも起こり得ます。価格が上がったときに需要量が増える財のことを、経済学では「ギッフェン財」と呼びます。なぜギッフェン財のような財があり得るのかは、価格変化の消費への影響をさらに詳しく学ぶと、理解することができます。

2. 消費者余剰

● 消費者余剰とは？

　私たちは、お金を支払い財を買います。例えば、スマートフォン（スマホ）を2万円で1台購入するとします。2万円を払って購入するということは、そのスマホに2万円以上の価値があると思っているはずです。何かを買うとき、私たちは自分の意思で決めています。誰かに「これを買いなさい」と命令されて購入するわけではありません。その財に対して、価格以上の価値があると思うからこそ、購入するはずです。その財の消費者にとっての価値、言い換えれば、払ってもよいと思っている金額のことを、経済学では**支払意思額**（**支払許容額**）といいます。

　2万円でスマホを購入する人の中には、そのスマホが大好きで、3万円や4万円の価値があると思っている人もいるでしょう。そうした人たちでも、購入の際に支払う金額は、お店で提示された価格2万円です。すると、例えば3万円を支払ってもよいと思っていた人は、2万円で購入することができ、1万円分の得をしたことになります。この得をした1万円のことを**消費者余剰**と呼びます。消費者余剰は、支払意思額から実際に支払った金額を差し引いたものです。式で表すと、以下のようになります。

$$消費者余剰＝支払意思額－価格$$

● グラフで表す消費者余剰

　消費者余剰をグラフで表すためには、支払意思額をまず表現しなければなりません。実は、すでに学んだ需要曲線の高さこそが、支払意思額を表しています。その理由を考えてみましょう。

　仮に、太郎くんのスマホに対する支払意思額が表2－3のようになっているとします[★3]。この表から、太郎くんの需要表を導くことができます。価格が5万円

★3　すでに1台スマホを持っているとき、予算が限られる中では、2台目のスマホに払ってもよいと思う金額は1台目よりも低くなるはずです。したがって、支払意思額は台数が増えるにつれ下がっていきます。

第2章 消費者の行動

表2－3　スマホの支払意思額と需要表

	支払意思額
1台目	5万円
2台目	4万円
3台目	3万円
4台目	2万円
5台目	1万円
6台目	0円

太郎くんの需要表

価格（万円）	何台目まで購入するか
価格＞5	購入しない
4＜価格≦5	1台目のみ
3＜価格≦4	2台目まで
2＜価格≦3	3台目まで
1＜価格≦2	4台目まで
0＜価格≦1	5台目まで

より高いと、太郎くんの支払意思額を超えているので、1台も購入しません。価格が5万円に下がると1台購入します（支払意思額と価格が同じならば、購入するとします）。価格が4万円まで下がると、2台目も購入します。

図2－4は、太郎くんの需要を需要曲線として表したものです。数量が1台のとき、需要曲線の高さは5万円となっています。これは、太郎くんの1台目に対する支払意思額そのものです。2台のときの需要曲線の高さは4万円ですが、これは2台目に対する支払意思額と同じです。3台以降についても、需要曲線の高さは支払意思額と一致しています。需要曲線は、与えられた価格のとき何台購入するかを表しています。太郎くんは、5万1円ではこのスマホを買いませんが、5万円なら1台買います。見方を変えると、太郎くんは1台目のスマホに5万1円の価値はないが、5万円の価値はあると思っているということです。したがって、需要曲線の高さを見ると、消費者の支払意思額が分かるのです。

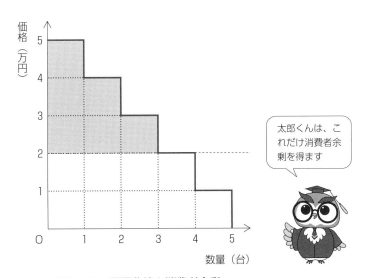

図2－4　需要曲線と消費者余剰

支払意思額は、需要曲線の高さであることが分かりました。消費者余剰は、支払意思額から価格を差し引いたものです。今、価格が２万円だとすると、消費者余剰は、需要曲線と価格に囲まれた部分（図２－４の網かけ部分）として表すことができます。この消費者余剰の大きさは、次のように計算できます。

$$(5-2)+(4-2)+(3-2)+(2-2)=6万円$$

● **市場全体の消費者余剰**

図２－４の需要曲線は階段状になっており、前の節で見たようなスムーズな直線（曲線）ではないじゃないかと思うかもしれません。スマホの場合、１台から分割することはできないのでこのようになっていますが、細かく分割できるガソリンや量り売りの食品のような財では、需要曲線はスムーズな線になります。また、スマホのように分割できないものでも、消費者が多数いる市場では（例えば、スマホならば市場全体では何万という台数が取引されています）、階段の幅はどんどん狭くなり、スムーズな線になります。

ここで、市場全体の需要曲線と消費者余剰を考えてみましょう。図２－５は、スマホ市場全体の需要を表しているとします。市場全体であっても、消費者余剰は、支払意思額から価格を差し引いたもの、すなわち、需要曲線と価格に囲まれた部分の面積です。この図では、価格２万円のときの市場全体での消費者余剰は、需要曲線と価格を表す直線に囲まれた△ＡＢＣです。

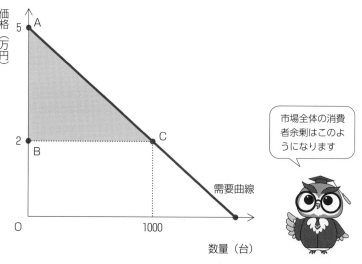

図２－５　スマホ市場の需要曲線と消費者余剰

この三角形の面積を計算すると、消費者余剰の大きさは、

$$消費者余剰 = \frac{1}{2} \times 底辺 \times 高さ = \frac{1}{2} \times 1,000 \times (5-2) = 1,500万円$$

となります。

ところで、この2万円という価格は、この価格で初めて市場に参加した人（購入した人）の支払意思額となっています。なぜなら、支払意思額が2万円よりも高い人は、価格が2万円よりも高いときに、すでに市場に参加しているはずです。2万円で初めてスマホを買った人は、2万1円ではこのスマホは買わず、2万円になって初めて市場に参加した人です。そのため、2万円で買い、2万1円では買わなかった人の支払意思額は、2万円ちょうどということになります。このように、価格が2万1円から2万円になったことで購入した人（言い換えると、2万円より高いと市場に参加しない人）のことを、経済学では「限界的な」消費者といいます。「限界」という言葉は経済学でよく出てきますが、「追加的な」という意味です。英語では、「もう限界だ！」という意味のLimitではなく、「余白の」や「ギリギリの」という意味のMarginalが使われます。この「限界」の使い方は、経済学独特のものなので注意が必要です。

3．弾力性

● 弾力性とは？

需要曲線は、価格と需要量の関係を表していると学びました。では、価格が変わると、需要量はどのくらい変化するのでしょうか。何かが変化したとき、もう一方がどのくらい反応するのかは、**弾力性**という考え方を使って測ることができます。価格の変化に対する需要量の変化を測るときの弾力性を、**需要の価格弾力性**といいます。もし所得の変化に対する需要量の変化を測るのであれば、需要の所得弾力性といいます。考え方は同じですが、何と何の関係を測るのかによって呼び方が異なります。

弾力性は、一つの変数の1％の変化に対して、もう一方が何％変化するのかを表しています。式で表すと、以下のようになります[4]。

需要の価格弾力性 ＝ －（需要量の変化率 ÷ 価格の変化率）

例えば、価格が2％上昇したときに、需要量が6％減ったとします。この場合、弾力性は、－（－6％ ÷ 2％）＝ 3 となります。これは、価格の変化の割合に対して、需要量の変化の割合は3倍であるということを表しています。

ところで、変化率はどのように計算するのでしょうか。変化率は、元の値に対して、変化の大きさがどのくらいかということを表しています。具体的には、以

> ★4
> 右辺にマイナスがついているのは、弾力性を正の値で表現するためです。価格が上昇すると需要量は減ります。したがって、そのまま計算すると、需要の価格弾力性はマイナスの値になってしまいます。反応の強さを表現するときにマイナスの値であると分かりにくいので、正の値に直しています。

下のように計算します。

$$変化率 =（新しい値 - 元の値）÷ 元の値$$

例えば、価格が100円から120円に上がったとすると、価格の変化率は、

$$（120 - 100）÷ 100 = 0.2 = 20\%$$

となります。

　需要の価格弾力性が大きいほど、価格の変化に対する需要量の反応が大きいことを意味しています。需要の価格弾力性が1より大きい場合には、需要量の変化率が価格の変化率よりも大きいということになります。こうした場合、需要は**弾力的**といいます。一方、需要の価格弾力性が1よりも小さい場合、すなわち需要量の変化率が価格の変化率よりも小さい場合には、需要は**非弾力的**といいます。なお、需要の価格弾力性がちょうど1（価格の変化率と需要量の変化率が同じ）の場合には、**単位弾力的**といいます。

●弾力性はどのように決まる？

　価格の変化に対して需要量がどのくらい反応するのかは、財によって異なります。例えば、お米や塩のような必需品は、たとえ価格が高くなったとしても、買わなければなりません。一般に、お米や塩のような必需品の価格弾力性は小さくなります。一方で、漫画本のような娯楽品は、なくても生活には支障がありません（中には、「漫画が命！」という人もいるかもしれませんが）。このような財の場合、価格が高くなると需要量は大きく減ってしまいます。一般に、娯楽品やぜいたく品の価格弾力性は大きくなります。

　その財の代わりになるものがあるかないかも、需要の価格弾力性を決める要因の一つです。例えば、目薬の代わりになるものはほとんどないので、価格が高くなっても買わざるを得ません。一方で、例えば牛肉は、価格が高ければ豚肉や鶏肉で代替することができます。代わりになるものが簡単に手に入る財は、需要の価格に対する反応が大きくなります。

　価格に対する需要の反応には、「時間の長さ」も関係します。例えば、通学に利用するバスの料金が上がったとします。いつもバスを利用しているので、すぐにバスから別の移動手段に切り替えることは難しいでしょう。したがって、移動手段が変えられないような短い期間では、需要の価格弾力性は小さくなります。しかし、時間が経つにつれ、学校に近い場所へ引っ越したり、免許を取得してバイク通学にしたりとさまざまな対応が可能になります。そのため、長い期間でみると、需要の価格弾力性は大きくなると考えられます。

第2章の練習問題

1．以下の文章の①〜③に当てはまる適切な用語を答えなさい。

　需要曲線は、（　①　）と需要量との関係を表している。所得など、（　①　）以外の要因の変化による需要の変化は、需要曲線の（　②　）として表現できる。なお、（　①　）の変化に対する需要量の反応の大きさは、（　③　）によって測ることができる。

2．以下の図は、みかんの需要曲線を表している。

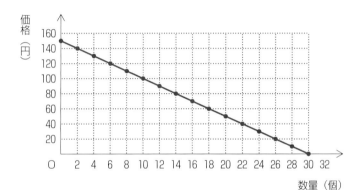

（1）価格が100円のときの需要量はいくつか。
（2）価格が100円のときの消費者余剰を求めなさい。
（3）価格が60円に下がると、消費者余剰はいくらになるか。

3．以下の2つの財の組み合わせについて、より需要の価格弾力性が大きいと考えられる財はどちらか。
（1）お米とポテトチップス
（2）水色のワイシャツと衣服全般

4．【応用問題】
　売り上げは、価格×販売量として表すことができる。今、ある財の需要が価格に関して非弾力的であるとする。このとき、この財の価格を引き上げると、売り上げは減るだろうか、増えるだろうか。それとも変わらないだろうか。説明しなさい。

第3章 企業の行動

本章に関連する一枚

これは車を生産している企業の写真です。供給の基本を勉強しましょう！

　第1章では消費者と生産者の関係を学びました。ここでは生産者としての企業の行動を考えていきます。企業は費用をかけて財・サービスを生産し、それを販売して収入を得ます。収入と費用のバランスを考えて利潤（もうけ）を最大にするよう企業は生産量を決めます。生産するためには費用がかかるわけですが、どれだけの費用がかかるのかを考えることは重要です。この章では、企業にとっての費用を中心に学んでいきます。

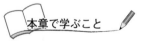本章で学ぶこと

・費用の内訳（費用、可変費用、固定費用）を紹介します。
・平均費用、平均可変費用、平均固定費用について学びます。
・限界概念と限界費用を解説します。
・利潤最大化の条件を紹介します。

1. 企業の目的

● 利潤を増やす

　自動車を製造する企業があれば、自動車を販売する企業もあります。食パンを製造する企業があれば、食パンを販売する企業もあります。企業といってもさまざまな企業がありますが、これらの企業はどのような目的で活動しているのでしょうか。

　人々の生活をより良いものにするために活動しているとも考えられますし、働いている人を豊かにするために活動しているとも考えられます。どのような目的で企業が活動しているにしても、活動するための裏付けが不可欠です。その裏付けとは利潤（もうけ）ではないでしょうか。利潤を得ることができなければ、どんなにすばらしい目的を掲げていても、その実現は難しいでしょう。

　そこで、経済学では通常、**企業の目的は利潤を得ること**であると想定して分析をしていきます。後で詳しく説明しますが、利潤とは、収入から費用を差し引いたもの（利潤＝収入－費用）です。利潤を増やしていくことが企業の目的とするならば、経営者は「いかに収入を増やしていくか」と「いかに費用を減らしていくか」という問題に取り組まなければなりません。この問題に答えていくためには、企業にとっての費用を丁寧に考えていく必要があります。

2. 各種費用曲線

● 費用を考える

　経済学では通常、**費用**（Cost）を**可変費用**（Variable Cost）と**固定費用**（Fixed Cost）の2種類に分けます。なお、可変費用については、簿記の勉強をしている人にとっては変動費用という言葉の方がなじみ深いかもしれません。基本的には同じ意味ですので、ここでは可変費用とします。

　費用を理解するために、ケーキ屋さんを例に考えてみます。ケーキ屋さんは利潤を得るため、小麦粉や卵などの材料を仕入れ、ケーキをつくり、販売することによって収入を得ます。タダで材料を仕入れることはできませんから、仕入れるための費用が発生しますし、ケーキをつくって販売するための場所も必要ですから、商店などを借りるための家賃という費用が発生します。

　まずは可変費用から説明します。**可変費用は、生産する数量に応じて変わってくる費用**のことをいいます。ケーキ屋さんの例ですと、小麦粉や卵などの材料費が該当します。シンプルに考えるため、材料費は小麦粉だけとして、1kgあたり300円としましょう。もし、ケーキ屋さんが小麦粉を20kg仕入れるならば300円×20kg＝6,000円の費用が発生します。この6,000円が可変費用です。もし、

30kg仕入れたなら、300円×30kg＝9,000円が可変費用となります。数量に応じて変化していることが分かると思います。

続いて固定費用について考えます。**固定費用は、生産する数量に関わらず払わなければならない費用**のことをいいます。ケーキ屋さんの例で考えると、家賃などが挙げられます。例えば1か月の家賃が50,000円であるとします。この家賃は1か月当たりケーキを100個つくろうが、200個つくろうが、はたまた1個もつくらなくても50,000円かかります。このように、生産する数量に関わらず払わなければならない費用を固定費用といいます。

以上のように、費用＝可変費用＋固定費用という関係が成り立ちます。

$$費用＝可変費用＋固定費用$$

それでは、費用の内訳が分かったところで、これらをさらに細かく見ていきましょう。

● 平均費用

平均費用（Average Cost）とは、財・サービス一単位当たりにかかる費用のことをいいます。ケーキ屋さんがケーキを100個つくる場合と200個つくる場合を例に、平均費用を考えてみましょう。

100個のケーキをつくるためには小麦粉が10kg、200個のケーキをつくるためには20kgがそれぞれ必要だとします。そして、100個つくる場合には300円×10kg＋家賃50,000円＝53,000円、200個つくる場合には300円×20kg＋家賃50,000円＝56,000円がかかるとすると、それぞれの場合の平均費用は次の通りになります（表3－1）。

100個の場合

$$平均費用 = \frac{53,000円}{100個} = 530円$$

200個の場合

$$平均費用 = \frac{56,000円}{200個} = 280円$$

表3-1 数量、費用、平均費用のクロス表

ケーキの数	費用	平均費用
100個	53,000円	530円
200個	56,000円	280円

つまり、かかる費用を生産した数量で割ったものが平均費用となります。

$$平均費用 = \frac{費用}{生産した数量}$$

上記の例では、100個の場合と、200個の場合で平均費用が下がっているのが分かります。このことを経済学では**規模の経済**[1]といいます。

● 平均可変費用

平均可変費用（Average Variable Cost）**とは、財・サービス一単位当たりにかかる可変費用**のことをいいます。一般的には、平均可変費用は変化する場合を想定して考えますが、ここでは分かりやすくするため、一定のケースを考えてみましょう。

ケーキ屋さんの例では、小麦粉という材料にかかる費用が可変費用でした。ケーキを100個つくる場合には3,000円分の材料が必要で、200個つくる場合には6,000円分の材料が必要だとすると、それぞれの場合の平均可変費用は次の通りになります（表3-2）。

100個の場合

$$平均可変費用 = \frac{3,000円}{100個} = 30円$$

200個の場合

$$平均可変費用 = \frac{6,000円}{200個} = 30円$$

表3-2 数量、費用、平均可変費用のクロス表

ケーキの数	可変費用	平均可変費用
100個	3,000円	30円
200個	6,000円	30円

---

[1] 規模の経済
生産量を増加させたとき、平均費用が低下する性質のこと。平均費用が変化しない場合は**規模に関して収穫一定**といい、平均費用が増加する場合は**規模の不経済**といいます。

つまり、材料費という可変費用を生産した数量で割ったものが平均可変費用となります。

$$平均可変費用 = \frac{可変費用}{生産した数量}$$

● 平均固定費用

続いて、平均固定費用についてです。もうパターンが見えてきたかもしれません。**平均固定費用**（Average Fixed Cost）**とは、財・サービス一単位当たりにかかる固定費用**のことをいいます。

ケーキ屋さんの例では、家賃50,000円が固定費用でした。100個ケーキをつくろうが、200個つくろうが50,000円かかります。それぞれの場合の平均固定費用は次の通りになります（表3－3）。

100個の場合

$$平均固定費用 = \frac{50,000円}{100個} = 500円$$

200個の場合

$$平均固定費用 = \frac{50,000円}{200個} = 250円$$

表3－3　数量、費用、平均固定費用のクロス表

ケーキの数	固定費用	平均固定費用
100個	50,000円	500円
200個	50,000円	250円

つまり、家賃などの固定費用を生産した数量で割ったものが平均固定費用となります。

$$平均固定費用 = \frac{固定費用}{生産した数量}$$

● 利潤とは

　企業のもうけである利潤について考えてみましょう。よく「利潤と利益とは違うのですか？」と質問されます。経済学の分野では企業のもうけのことを利潤といい、経営学の分野では利益といいます。新聞やインターネット等で、経常利益や営業利益などという言葉を目にすることが多いかと思いますので、もしかしたら利益という言い方の方がなじみ深いかもしれませんが、どちらも同じものです。英語ではProfitで、訳し方の違いだけです。経済学では伝統的に利潤という言い方をしていますので、ここでも利潤という言い方にします。

　さて、利潤を考えていくうえで、引き続きケーキ屋さんを例に考えてみましょう。ケーキ屋さんにとっての利潤は、ケーキを販売することで得られる収入から、ケーキをつくるための費用を差し引いたものです。

$$利潤 ＝ 収入 － 費用$$

　収入については説明してきませんでしたが、ケーキの価格×ケーキの販売数で求められます。

$$収入 ＝ 価格 × 数量$$

　ここで、ケーキ１個当たりの価格を300円としましょう。費用についてはすでに、100個つくった場合と200個つくった場合で見てきました。そこで利潤についても100個と200個の場合で求めてみましょう。

100個の場合

　　　収入＝300円×100個＝30,000円
　　　費用＝53,000円
　　　利潤＝30,000円－53,000円＝－23,000円（23,000円の赤字）

200個の場合

　　　収入＝300円×200個＝60,000円
　　　費用＝56,000円
　　　利潤＝60,000円－56,000円＝4,000円（4,000円の黒字★2）

　ケーキ屋さんは100個つくる場合23,000円の赤字となってしまいますが、200個の場合は4,000円の黒字を出すことができました。これは規模の経済が働いたことによります（表３－４）。

★2
もうけが出ることを黒字といい、損することを赤字といいます。

表3-4　数量、収入、費用、利潤のクロス表

ケーキの数	収入	費用	利潤
100個	30,000円	53,000円	−23,000円 (23,000円の赤字)
200個	60,000円	56,000円	4,000円 (4,000円の黒字)

●限界とは

　突然ですが、話は変わって経済学を初めて習う人にとって聞きなれない言葉の一つに、**限界**（Marginal）という用語があります。経済学では限界のつく用語として、限界収入・限界費用・限界利潤・限界効用・限界代替率などがあります。

　前章でもふれたように、普段「限界」という用語は、「体力の限界だ！」とか「限界まで頑張った」など、もうこれ以上は無理といった場面で使うと思います。筆者も経済学を学び始めたときはそのように認識していたので、これ以上無理な収入や費用ってどういうこと？　と混乱したことがありました。

　実は経済学ではこのような意味では使いません。簡単にいうと、「1単位を追加するときの変化分」という意味です。**限界○○**という言葉が出てきたときは、何かを一つ増やしたときに変化する○○、という感覚を持つようにしてください。

　この感覚を理解するため、ケーキ屋さんから例を変えて、閉店時間間近のスーパーマーケットのお総菜売り場を例にして考えてみましょう。

　皆さんもスーパーマーケットでお総菜を買ったことがありますよね。コロッケやから揚げ、焼き餃子などさまざまなお総菜からお弁当まで売られています。さて、お総菜売り場に行くと、たまに店員さんが値引きシールを貼っていることがあります。10％引きや20％引きのシールのほか、場合によっては半額以下にすることもあります。10％や20％の値引きなら、スーパーマーケット側も少しはもうけがあっても、半額以下となると赤字にならないのかなと余計な心配までしてしまいます。

　例えば、毎日定価50円のコロッケを200個あらかじめつくって総菜売り場に並べているスーパーマーケットを例にしてみます。そして、200個つくるのに6,000円かかったとします。ちなみに平均費用は6,000円÷200個＝30円ですね。

　ある日、閉店まで残すところ1時間のところで175個売り上げたとします。スーパーマーケット側としては、50円×175個＝8,750円の収入は確保していますが、25個分まだ売れ残りがあります。皆さんがもしスーパーマーケットの店長だったら、売れ残ったコロッケをそのままにしておくのはもったいないと思いませんか。これから来店されるお客さんには、一時的に価格を半額の25円に下げてでも、新たに販売数を増やす方が利潤を増やせるかもしれません。

　しかし、平均費用は30円だったはずです。「25円の価格にしてしまったら、赤字になってしまうのでは？」と疑問を持たれた方も多いのではないでしょうか。実は、すでにつくってしまったコロッケなので、新たに費用が追加されることはないのです。せいぜいコロッケを包むためのビニール代やゴム代程度で、多く見積もって5円程度かかるだけでしょう。

　さて、閉店1時間前の時点では175個の販売状況だったのですが、新しいお客さんに半額の25円で提供した場合、収入はいくら増え、費用はいくら増えるか考えてみてください。

　1個さらに販売数を追加的に増やすことができれば、収入は追加的に25円増え、費用は追加的に5円増え、利潤は追加的に20円増えるといえます。値下げをしてコロッケを追加的に1単位多く販売することによって、収入、費用、利潤がそれぞれ変化しました。このような変化のことをそれぞれ**限界収入、限界費用、限界利潤**といいます。

　なお、「単位」という言い方は、数え方がものによって異なります。少し難しい言い方をしているだけです。

◯ 利潤最大化の条件

　コロッケの例では価格を通常よりも安くして、売れ残りを少しでも販売した方が利潤が増えることを見ていきました。重要なポイントは、限界費用である5円よりも1円でも高い収入を得られれば、売れ残りにするよりも利潤を増やせるということです。つまり、

利潤最大化の条件：価格＝限界費用

ということになります。

　平均費用である30円で判断していたら、売れ残りはそのまま廃棄することに

なってしまいますが、限界費用で考えれば少しでも利潤を増やすことができます。この利潤最大化の条件はとても重要ですので、しっかり覚えておきましょう。

　なお、注意が必要なのですが、最初から200個すべてを25円で売ってよいわけではありません。25円ですべてを売ってしまうと5,000円しか収入を得られませんから、赤字になってしまいます。平均の概念と限界の概念を適切に使いこなすことが肝心です。

COLUMN　損益分岐点価格と操業停止点価格

本章の最後に、応用学習者のために下の図を紹介します。

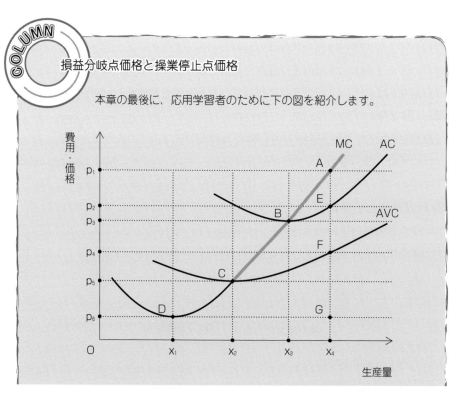

この図は、本章で学習してきた限界費用（MC）、平均費用（AC）、平均可変費用（AVC）について、横軸を生産量、縦軸を価格や費用に置いて描いたものです。平均費用曲線と平均可変費用の一番小さくなるところを、限界費用曲線が交差しています。なぜこのような図が描けるのかは、経済学の学習をさらに深めていくと分かってくるのですが、みなさんは次の点を覚えておくと良いでしょう。

①限界費用曲線と平均費用曲線が交差するB点の高さであるp_3の価格のことを、**損益分岐点価格**といいます

　損益分岐点価格とは、企業の利潤がちょうどゼロになるような価格のことをいいます。この価格よりも高く売ることができれば利潤を出すことができますが、この価格よりも低い場合は、赤字となってしまいます。

②限界費用曲線と平均可変費用曲線が交差するC点の高さであるp_5の価格のことを**操業停止点価格**といいます

　操業停止点価格とは、企業が生産を続けるか続けないかを決める、ギリギリの価格のことをいいます。この価格よりも高く売ることができれば生産を続ける方がよく、この価格よりも低い場合は、生産を停止した方がよいです。

　損益分岐点価格と操業停止点価格との間に市場均衡価格がある場合は、生産を続けた方がよいのですが、残念ながら赤字となってしまいます。赤字なのに生産を続ける方がよいというのはどういうことなのでしょうか？　ぜひ考えてみてください。

　上記のことや、**限界費用逓増**（限界費用は生産量を増やしていけばいくほど増加していく）など、さまざまな仮定を置くことによって、皆さんご存知の右上がりの**供給曲線**（太線の部分）を描くことができます。限界費用曲線の操業停止点価格以上の部分と供給曲線は同じになります。

　なお、限界費用逓増の仮定は、一見すると現実的ではないように思うかもしれません。応用学習の段階に進みましたら、生産関数などを学習することになるでしょう。学習を進めることで、限界費用逓増の仮定についても納得がいくようになると思います。

　この図は一企業の供給曲線になるので、これを企業分足し合わせると第2章で学んだ需要曲線の場合と同じく、市場全体の供給曲線になります。

第 3 章の練習問題

1．平均費用、平均可変費用、平均固定費用とは何か説明しなさい。

2．経済学でいう「限界」とは何か説明しなさい。

3．利潤最大化の条件の式を答えなさい。

第4章 市場均衡と経済厚生

本章に関連する一枚

これは東京証券取引所の写真です。市場均衡について、一歩進んだ経済分析を学びましょう！

　第1章から第3章では、需要曲線は右下がり、供給曲線は右上がりとなり、市場において両者がクロスするところで取引が行われることを学んできました。ここでは、これまでに学んだことについて、さらに踏み込んで考えていきます。本章は、第1章から第3章を総括する章になります。

　学修を進めていくと、さまざまな疑問が湧き起こってきます。ある財の需要曲線や供給曲線は、いつも同じになるのでしょうか。なぜ、需要曲線と供給曲線がクロスするところで価格や量が決まるのでしょうか。市場で決まる価格や量で取引されることは望ましいのでしょうか。それでは、これらの疑問を順に見ていくことにしましょう。

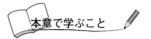

本章で学ぶこと

・需要量の変化と需要の変化、供給量の変化と供給の変化の相違を理解します。
・需要曲線と消費者余剰について、改めて検討します。
・供給曲線と各種費用について、生産者余剰という概念を加え、改めて検討します。
・市場の価格調整メカニズムについて解説します。
・余剰分析により、市場の効率性について学びます。

1. 与件の変化

● 与件とは

　与件とは何かについて、ケーキの需要曲線を例として考えてみましょう。ケーキの需要曲線は、ケーキの価格とケーキの需要量以外の変数を一定として描かれます。このとき、アイスクリームの価格や生産量、所得、消費者の好み、人口など、一定とされる変数のことを与件といいます。同様に、ケーキの供給曲線は、ケーキの価格とケーキの供給量以外の変数を一定として描かれます。生産技術の水準、原材料の価格、生産者数などが与件となります。

● 需要量の変化と需要の変化

　需要量の変化と**需要の変化**は、文献などで必ずしも厳密に専門用語として使い分けられているわけではありませんが、前章までにも見たように、概念として両者の相違を把握しておくことはとても重要です。

　図4－1は、需要量の変化を示しています。与件を一定としたまま、財の価格がp_1からp_2へ上昇すると、当該財の需要量は需要曲線に沿って変化し、q_1からq_2へ減少します。これを需要量の変化と呼びます。一方、図4－2は、需要の変化を示しています。与件の1つないしいくつかが変化すると、需要曲線そのものがD_1からD_2へシフトします。これを需要の変化と呼びます。その結果、市場均衡がE_1からE_2へ変化し、均衡価格はp_1からp_2へ上昇し、均衡取引量はq_1からq_2へ増加することになります。

　第2章でも学びましたが、表4－1に示す通り、一般に他の財の価格が上昇したり[*1]、所得や人口が増加したりすると、需要曲線は右にシフトします。その結果、市場均衡が変化し、均衡価格は上昇して、均衡取引量は増加します。反対に、他の財の価格が下落したり、所得や人口が減少したりすると、需要曲線は左にシフトします。その結果、市場均衡が変化し、均衡価格は下落して、均衡取引量は減少します。

★1
例えば、アイスクリームの価格が上昇したときに、ケーキの需要量が増加するならば、ケーキはアイスクリームの代替財であるといいます。反対に需要量が減少する場合は、補完財であるといいます。

▶第4章　市場均衡と経済厚生

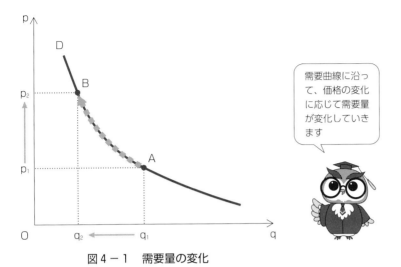

図4-1　需要量の変化

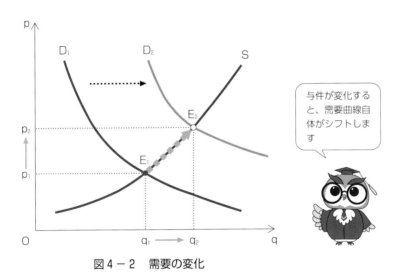

図4-2　需要の変化

表4-1　与件の変化と需要曲線のシフト

		与件の変化（例）	
		他の財の価格下落 所得の減少 人口の減少	他の財の価格上昇 所得の増加 人口の増加
需要曲線の変化		左シフト	右シフト
市場均衡の変化	均衡価格	下落	上昇
	均衡取引量	減少	増加

●供給量の変化と供給の変化

供給量の変化と**供給の変化**についても、需要量の変化と需要の変化の相違と同様に確認しておきましょう。

図4-3は、供給量の変化を示しています。与件を一定としたまま、財の価格がp_1からp_2へ上昇すると、当該財の供給量は供給曲線に沿って変化し、q_1からq_2へ増加します。これを供給量の変化と呼びます。一方、図4-4は、供給の変化を示しています。与件の1つないしいくつかが変化すると、供給曲線そのものがS_1からS_2へシフトします。これを供給の変化と呼びます。その結果、市場均衡がE_1からE_2へ変化し、均衡価格はp_1からp_2へ下落し、均衡取引量はq_1からq_2へ増加することになります。

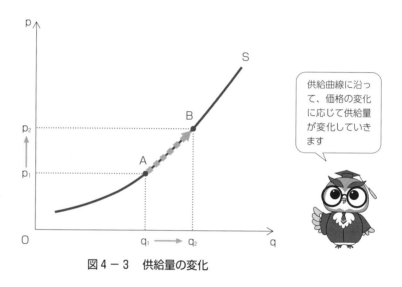

図4-3　供給量の変化

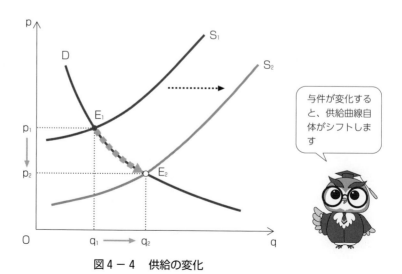

図4-4　供給の変化

表4-2 与件の変化と供給曲線のシフト

		与件の変化（例）	
		技術水準の低下 原材料価格の上昇 生産者数の減少	技術水準の向上 原材料価格の下落 生産者数の増加
供給曲線の変化		左シフト	右シフト
市場均衡の変化	均衡価格	上昇	下落
	均衡取引量	減少	増加

　表4-2に示す通り、一般に技術革新により技術水準が向上したり、原材料価格の下落や生産者数が増加したりすると、供給曲線は右にシフトします。その結果、市場均衡が変化し、均衡価格は下落して、均衡取引量は増加します。反対に、技術水準が低下したり、原材料価格の上昇や生産者数が減少したりすると、供給曲線は左にシフトします。その結果、市場均衡が変化し、均衡価格は上昇して、均衡取引量は減少します。

2. 市場における価格調整メカニズム

● 需要曲線と消費者余剰

　これまでに第1章と第2章で学んだ需要曲線と消費者余剰について、改めて検討していきましょう。需要曲線とは、ある市場価格と、それが成立したときに消費者が需要するであろう量との関係を表したものです。また、消費者余剰とは、消費者の**総支払意思額**と**実支払**との差額のことであると定義します。消費者は、合理的であるならば消費者余剰を最大化するような需要行動をとります。このことを、表4-3に示す数値例で見てみましょう。

表4-3 消費者余剰の考え方

数量	限界支払意思額	総支払意思額	実支払	消費者余剰
1杯目	1,000円	1,000円	400円	600円
2杯目	800円	1,800円	800円	1,000円
3杯目	600円	2,400円	1,200円	1,200円
4杯目	400円	2,800円	1,600円	1,200円
5杯目	200円	3,000円	2,000円	1,000円

　サラリーマンなどが居酒屋でビールを飲むケースを考えてください。2列目の「**限界支払意思額**」とは、消費者が1単位消費を増やしたときの追加的支払意思額（消費者が追加的に支払ってもよいと考えている金額）のことです。とても喉

が渇いている最初の1杯目には1,000円支払ってもよい（1杯目の限界支払意思額が1,000円である）と考えますが、2杯目、3杯目と飲み進むごとに徐々に喉の渇きもいえ、限界支払意思額は200円ずつ減少していくとここでは仮定しています。

　3列目の「総支払意思額」とは、消費するビールの杯数まで限界支払意思額を足し合わせたもので、消費する量に対して消費者が支払ってもよいと考えている合計の金額です。

　4列目の「実支払」とは、消費者が実際に支払う金額のことです。消費者の限界支払意思額とは関係なく、お店は何杯目でも同じ価格でビールを販売するので、1杯400円とすれば実支払はその倍数になります。そして、3列目の総支払意思額から4列目の実支払いを引いて、5列目の消費者余剰が計算されます。

　消費者が合理的であれば、**限界支出**と限界支払意思額が等しくなるところで消費する量を決定します。限界支出とは、消費者が1単位消費を増やしたときの追加的支出のことです。限界支払意思額が限界支出を上回る場合には、消費を増やすことで消費者余剰が増加します。反対に、限界支出が限界支払意思額を上回る場合には、消費を減らすことで消費者余剰が増加します。したがって、限界支出が限界支払意思額と等しくなることが、消費者余剰を最大化する条件となるわけです。市場での取引において、消費者の限界支出は市場価格にほかなりませんから、消費者余剰最大化の条件は、「市場価格＝限界支払意思額」と表すことができます。

　以上を図で表したのが、図4-5です。表4-3では、3杯目と4杯目の消費

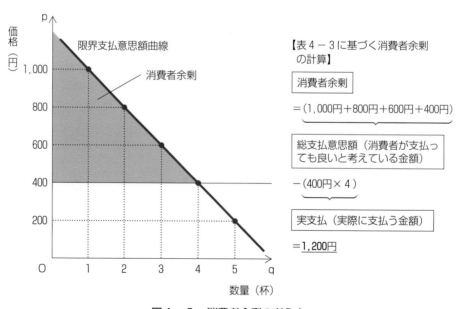

図4-5　消費者余剰の考え方

者余剰が同じ大きさになっていますが、数量と限界支払意思額が連続的に変化することを許せば消費者余剰は4杯目が最大となり、図4－5で示すような面積として描くことができます。市場価格と限界支払意思額が一致するところで消費する量を決定するのですから、限界支払意思額曲線は需要曲線と一致します。したがって、需要曲線が右下がりになるのは、限界支払意思額が逓減する（と仮定した）ためということになります。

もちろん、各消費者の限界支払意思額曲線は異なる形状をしていると考えられるため、各消費者の需要曲線の形状も異なります。それらを水平に足し合わせたものが、消費者全体の需要曲線です。

● 供給曲線と生産者余剰

次に、第1章と第3章で学んだ供給曲線と各種費用について、新たに**生産者余剰**という概念を加え、改めて検討していきましょう。供給曲線とは、ある市場価格と、それが成立したときに生産者が供給するであろう量との関係を表したものです。また、生産者余剰とは、生産者がその供給をするための**総可変費用**と**総収入**との差額のことであると定義します。生産者は、合理的であるならば生産者余剰を最大化するような供給行動をとります。このことを、表4－4に示す数値例で見てみましょう。

表4－4　生産者余剰の考え方

数量	限界費用	総可変費用	総収入	生産者余剰
1枚目	400円	400円	800円	400円
2枚目	600円	1,000円	1,600円	600円
3枚目	800円	1,800円	2,400円	600円
4枚目	1,000円	2,800円	3,200円	400円
5枚目	1,200円	4,000円	4,000円	0円

大学で教員が、学生に表計算ソフトを使ったデータ入力のアルバイトを依頼するケースを考えてください。この例では学生が生産者になります。2列目の「限界費用」とは、生産者が1単位生産を増やしたときに必要な追加的費用のことです。

3列目の「総可変費用」とは、学生が引き受ける枚数まで限界費用を足し合わせたもので、生産のために要した費用のうち最低限必要な金額です。パソコンやソフトは大学のものを利用すれば費用はかからないと思うかもしれませんが、学生は自身の機会費用（序章p.10参照）を考慮する必要があります。ここでは、データ入力を引き受けなければコンビニエンスストアでアルバイトをし、その時給は

800円であるとします。また、データ入力にかかる時間は、1枚目は30分で行えますが、徐々に疲労が蓄積していき、追加1枚当たり15分ずつ作業時間が増加していくと仮定します。すなわち、1枚目の作業時間は30分、2枚目は45分、3枚目は60分、4枚目は75分、5枚目は90分になるということです。コンビニエンスストアでのアルバイトの時給から計算して、1枚目の限界費用は労働30分の機会費用ということで400円になり、2枚目以降の限界費用は労働15分の機会費用200円ずつを加算して求められます。

　4列目の「総収入」とは、生産者（売り手）に支払われる金額のことです。学生の限界費用とは関係なく、教員は何枚目でも同じ価格で作業を依頼するので、1枚800円とすれば総収入はその倍数になります。そして、4列目の総収入から3列目の総可変費用を引いて、生産者余剰が計算されます。

　生産者が合理的であれば、**限界収入**と限界費用が等しくなるところで生産する量を決定します。限界収入とは、生産者が1単位生産を増やしたときの追加的収入のことです。限界収入が限界費用を上回る場合には、生産を増やすことで生産者余剰が増加します。反対に、限界費用が限界収入を上回る場合には、生産を減らすことで生産者余剰が増加します。したがって、限界収入が限界費用と等しくなることが、生産者余剰を最大化する条件となるわけです。市場での取引において、生産者の限界収入は市場価格にほかなりませんから、生産者余剰最大化の条件は、「市場価格＝限界費用」と表すことができます。

　以上を図で表したのが、図4－6です。表4－4では、2枚目と3枚目の生産

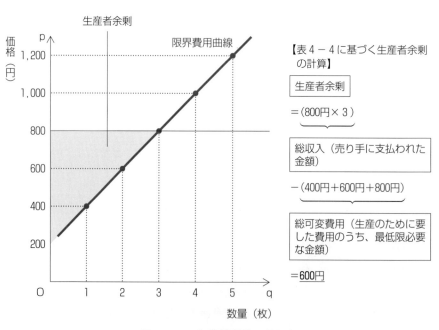

図4－6　生産者余剰の考え方

者余剰が同じ大きさになっていますが、数量と限界費用が連続的に変化することを許せば生産者余剰は3枚目が最大となり、図4-6で示すような面積として描くことができます。市場価格と限界費用が一致するところで生産する量を決定するのですから、限界費用曲線は供給曲線と一致します。したがって、供給曲線が右上がりになるのは、限界費用が逓増する（と仮定した）ためということになります。

もちろん、各生産者の限界費用曲線は異なる形状をしていると考えられるため、各生産者の供給曲線の形状も異なります。それらを水平に足し合わせたものが、生産者全体の供給曲線です。

COLUMN　生産者余剰と利潤の関係について

生産者余剰と利潤は、どのような関係にあるのか考えてみましょう。生産者余剰をPS、利潤をπ、総収入をTR、総費用をTC、総可変費用をVC、固定費用をFCとします。

利潤πは総収入TRと総費用TCの差、総費用TCは総可変費用VCと固定費用FCの和、生産者余剰PSは総収入TRと総可変費用VCの差であるため、次の式が成立します。

$$\pi = TR - TC = TR - (VC + FC) = TR - VC - FC = (TR - VC) - FC = PS - FC$$

したがって、

$$PS = \pi + FC$$

となります。すなわち、生産者余剰PSは利潤πと固定費用FCの和であることが分かります。ここで利潤πは、正・ゼロ・負のいずれもあり得ることに注意してください。

● 市場均衡の安定性

本節ではここまで、消費者余剰・生産者余剰という考え方を用いて、市場において右下がりの需要曲線と右上がりの供給曲線がどのように導出されるのか見てきましたが、続いて、消費者と生産者が市場で出会ったときに、どのようなことが起こるのか検討していきましょう。

第1章で学んだ通り図4-7の点Eは、市場均衡と呼ばれる状態を表しています。市場均衡における価格p^*を均衡価格、数量q^*を均衡取引量と呼びます。経済学では、市場均衡について次のことを考えます。①市場均衡が存在するのか、②存在するとしてそれは1つか、③不均衡の状態から市場均衡へ向かうのか、の

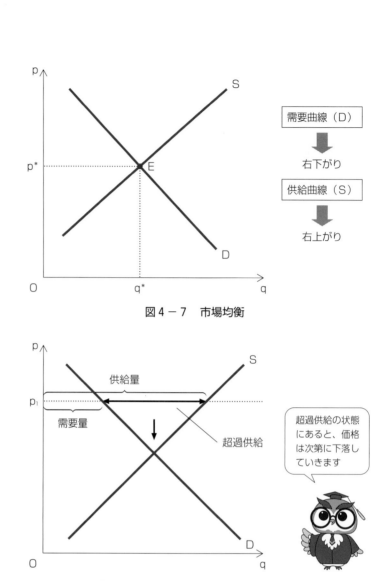

図4-7　市場均衡

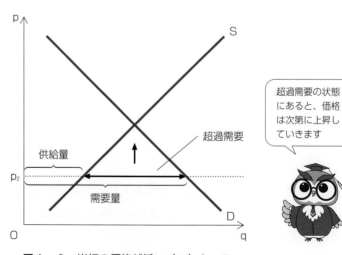

図4-8　当初の価格が高い（p_1）ケース

図4-9　当初の価格が低い（p_2）ケース

3つです。右下がりの需要曲線と右上がりの供給曲線であれば、両者は1点で交わると考えられますから、残るは3つめの問題ということになります。これは、市場均衡の**安定性**といわれる問題です。市場均衡の安定性について、当初の価格が均衡価格より高いケース（図4－8）と低いケース（図4－9）に分けて考えてみましょう。

当初の価格が均衡価格より高いp_1であるケース（図4－8）では、その価格に対する供給量が需要量を上回り、財の売れ残りが発生します。この状態を**超過供給**と呼びます。このとき、価格は次第に下落していくことになります。

当初の価格が均衡価格より低いp_2であるケース（図4－9）では、その価格に対する需要量が供給量を上回り、財の不足が発生します。この状態を**超過需要**と呼びます。このとき、価格は次第に上昇していくことになります。

以上のように、市場価格の変化を通じて、不均衡の状態から市場均衡へ向かうことが分かります。このような市場の**価格調整メカニズム**は**ワルラス的調整プロセス**と呼ばれ、市場における調整プロセスの基本となるものです[★2]。市場均衡が安定的であれば、例えば次節の最後で行う経済分析などでは、市場均衡の変化の前後を比較することが重要になるわけです。

> ★2
> 市場における調整プロセスには、ワルラス的調整プロセス、マーシャル的調整プロセス、くもの巣プロセスがあります。

3. 余剰分析による経済厚生[★3]の評価

● 社会的余剰

前節の検討で、市場は価格調整メカニズムにより市場均衡に向かうことが分かりました。それでは、たどり着いた市場均衡という状態はどのように評価されるのでしょうか。本節では、市場均衡がどのような意味で望ましい状態であるのかについて、これまでに学んだ余剰というツールを用いて検討していくことにしましょう。

消費者余剰と生産者余剰の和を**社会的余剰**と呼びます。社会的余剰は、その内訳として消費者余剰と生産者余剰の大きさがどのようであっても、大きいほど望ましいと考えます。なぜなら、全体が大きければ、消費者と生産者でどのようにも分けることができるからです。

> ★3　経済厚生
> 経済厚生とは、各個人が感じる満足を数値で表すものと理解してください。

社会的余剰の大きさについて、超過供給のケース（図4－10）、超過需要のケース（図4－11）、市場均衡のケース（図4－12）の3つに分けて考えてみましょう。

当初の価格が均衡価格より高いp_1であるケース、すなわち、超過供給のケース（図4－10）では、取引は点Cで行われます。これは、需要量と供給量の少ない方でしか取引できないからです。このとき、消費者余剰は△Ap_1C、生産者余剰は□p_1BFC、よって社会的余剰は□ABFCの大きさとなります。

当初の価格が均衡価格より低いp_2であるケース、すなわち、超過需要のケー

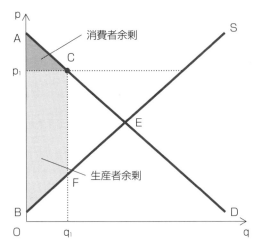

図4-10 余剰分析:超過供給のケース(当初の価格が高い(p_1)ケース)

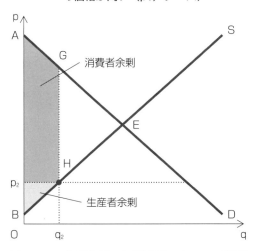

図4-11 余剰分析:超過需要のケース(当初の価格が低い(p_2)ケース)

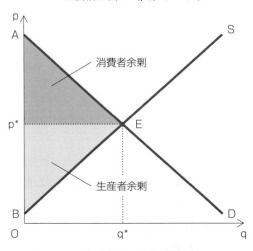

図4-12 余剰分析:市場均衡のケース

ス（図4−11）では、取引は超過供給のケースと同じ理由により点Hで行われます。このとき、消費者余剰は□Ap_2HG、生産者余剰は△p_2BH、よって社会的余剰は□ABHGの大きさとなります。

市場均衡のケース（図4−12）では、取引は点Eで行われます。このとき、消費者余剰は△Ap^*E、生産者余剰は△p^*BE、よって社会的余剰は△ABEの大きさとなります。

以上、3つのケースで社会的余剰の大きさを比較すると、どのケースにおいても同一の需要曲線と供給曲線であるとすれば、明らかに市場均衡のケースで社会的余剰の大きさが最大となり、望ましい状態であることが分かります。しかしながら、超過供給のケースと超過需要のケースであったとしても、市場における価格調整メカニズムにより、やがて市場均衡に到達し、社会的余剰は最大化されることになるのです。

●「見えざる手」

これまでの考察を総括すると次のようになります。消費者と生産者はともに自らの余剰を最大化するという行動をとっていますが、市場における価格調整メカニズムが機能することにより、社会的に最適な状態（社会的余剰の最大化）が自動的に実現します。これが、アダム・スミス（Smith, A.）のいう**見えざる手**の議論です。経済学において**効率性**はとても重要な概念ですが、本書をはじめとする入門書においては、社会的余剰が最大化されることを「市場が効率的である」とまずは理解してください。

> **COLUMN　パレート最適について**
>
> 本文では、効率性を社会的余剰の最大化で説明しましたが、一般的には、**パレート最適**という概念が用いられます。パレート最適はパレート効率性ともいい、他のいかなる経済主体の消費や生産の水準を減少させることなしには、どの経済主体の消費や生産の水準も増加させることが不可能な状態をいいます。市場が完全競争と呼ばれる状況であれば、パレート最適が実現します。

● 超過負担

税は、公共財（第6章p.87参照）の供給や社会保障などのために収入を確保するものですが、経済活動に対して歪曲効果をもたらしてしまいます。本章の最後に、この税による歪曲効果を余剰分析により検討してみましょう。図4−13は、税が課される前と後で、社会的余剰がどのように変化するかを示したものです。

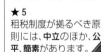

★4
財1単位当たりに課される税を従量税、財の価格に一定税率で課される税を従価税と呼びます。

ここでは、財1単位当たりTだけの従量税が課されるとします★4。

課税前の均衡点はE_0で、均衡価格はp_0、均衡取引量はq_0となっています。社会的余剰は次の通りです。

消費者余剰△Ap_0E_0+生産者余剰△p_0BE_0=社会的余剰△ABE_0

従量税が課されると、供給曲線はSからS'へ平行にシフトし、課税後の均衡点はE_1となり、均衡価格はp_1、均衡取引量はq_1です。このとき、消費者が支払う価格であるp_1を消費者価格、生産者が受け取る価格であるp_2を生産者価格と呼びます。課税後の社会的余剰は次の通りとなります。なお、税収は消費者や生産者のために使われるのですから社会的余剰に含めます。

消費者余剰△Ap_1E_1+生産者余剰△p_2BE_2+税収□$p_1p_2E_2E_1$
=社会的余剰□ABE_2E_1

(税収□$p_1p_2E_2E_1$=□$p_1p_0E_3E_1$［消費者負担分］+□$p_0p_2E_2E_3$［生産者負担分］)

課税後の社会的余剰は、課税前の社会的余剰より小さくなり、その差を**超過負担（死荷重、厚生損失）**と呼びます。

課税前の社会的余剰△ABE_0−課税後の社会的余剰□ABE_2E_1
=超過負担△$E_1E_2E_0$

超過負担が発生するのは、課税によって均衡取引量が減少するためです。租税制度を考える際は、税により経済活動が歪曲されて生じる超過負担が小さくなるように、経済活動に対してできるだけ中立的な税であることが求められています★5。

★5
租税制度が拠るべき原則には、**中立**のほか、**公平**、**簡素**があります。

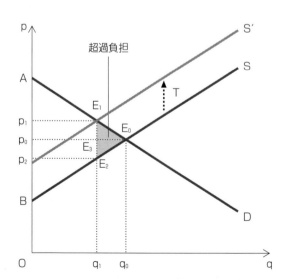

図4−13 従量税が課された場合の超過負担

第4章の練習問題

1. ある財の市場において、消費者は2人であり、各消費者の需要曲線は同一で $x = 10 - p$ と表されるとする。ただし、x は需要量であり、p は市場価格である。
 (1) 消費者全体の需要曲線を求めなさい。
 (2) この市場に、需要曲線が $x = 5 - \frac{1}{2}p$ である消費者が1人加わったとき、消費者全体の需要曲線を求めなさい。

2. ある財の需要曲線が $x = 100 - p$、供給曲線が $x = -10 + p$ で表されるとする。ただし、x は数量(需要量ないし供給量)であり、p は市場価格である。
 (1) 均衡価格と均衡取引量を求めなさい。
 (2) 消費者余剰と生産者余剰を求めなさい。
 (3) この財に1単位当たり10だけの従量税が課されるとする。そのときの消費者価格、生産者価格、均衡取引量を求めなさい。
 (4) (3) のとき、消費者余剰、生産者余剰、税収を求めなさい。
 (5) 従量税が課されたことによる超過負担を求めなさい。

第5章 独占・寡占・ゲーム理論

本章に関連する一枚

スマートフォンを販売している企業は、どのくらいあるでしょうか？

　市場で取引される同一の財・サービスは生産者が供給しており、完全競争市場では市場を通じて価格や生産量が決定されています。しかし、実際に皆さんが購入し、身の回りにあるモノを見てください。完全競争市場を通じて供給されたものはどれくらいあるでしょうか？　また、お店に並んでいる同じような商品でも、生産者によっていろいろと違いがあると思いませんか？

　例えば、スマートフォンを購入しようとした場合、日本の主なキャリアはNTTドコモ、au、SoftBankの3社があり、これらの企業から選ぶことになります。つまり、スマートフォン市場はこの3社で競争をしていることになります。この3社は消費者に選んでもらうため、料金メニューを増やす、性能の良いものを提供する、アフターサービスを良くするなどの戦略を考えています。

　このように、第5章では完全競争ではない、少数の生産者によって市場が形成されている不完全競争市場について学習します。

▶ 第5章　独占・寡占・ゲーム理論

> **本章で学ぶこと**
> ・不完全競争市場として、独占や寡占など、少数の生産者で形成される市場を紹介します。
> ・現実社会で多く形成されている寡占市場を理解します。
> ・他の生産者の行動を踏まえて自らの行動を考えるゲーム理論について学びます。

1. 独占

●独占とは

　これまでは生産者と消費者がそれぞれ多数で、個々では価格に対して影響力がないことを想定している完全競争市場について学習してきました。しかしながら、現実の社会では完全競争市場ばかりではありません。自動車、スマートフォン、パソコン、家電製品などを見てみると、生産者はそれほど多くないことに気づくかと思います。そこで、ここでは生産者が少数の場合について学習していきます。

　まずは生産者が1社という場合について考えていきましょう。ある財・サービスを生産している生産者が1社という状況を**独占**といい、そういった市場を**独占市場**といいます。独占では生産者が1社しかいませんので、その財・サービスの価格は独占している生産者（独占企業）が決定することになります。消費者は独占企業が決定した価格水準のもとで財・サービスを購入することになります。

　では、独占企業は好き勝手に価格を決定しているのかというと、必ずしもそうではありません。独占企業が高い価格に設定すると、消費者はその財・サービスの購入を控えるようになります。独占企業がどんどん価格を高くしていけば、最終的に消費者は誰もその財・サービスを購入しなくなります。そうなってしまうと、独占企業には一切収入が入らず、経営が成り立ちません。そのため、独占といっても自由に価格を決められるわけではなく、消費者の需要を考えて決めています。

　このように、独占企業は消費者の需要を考慮した上で自らの利潤が最大になる水準で価格を決定します。完全競争市場と独占市場を比べてみると、通常、独占市場での**独占価格**は完全競争市場における市場価格よりも高い水準になり、生産量は完全競争市場のときよりも少なくなります★1。こういったことが独占の弊害になります。そのため、日本では**独占禁止法**という法律で独占を規制し、**公正取引委員会**が独占禁止法を運用して、公正な競争市場の形成を図っています。

　独占企業は独占によって利益を獲得することができますが、利益が出るということは他の生産者が参入して利益を得る機会があることになります。複数の生産

★1
次のステップへの学習の参考として、具体的には限界収入と限界費用が等しくなる水準で生産量が決まり、その生産量と需要曲線から独占市場での価格が決定されます。完全競争市場では限界収入と価格が等しくなりますが、独占市場では異なります。これが独占市場の特徴になります。詳しくは、COLUMN「独占市場のグラフ」（p.73）を参照してください。

者が独占市場に参入することで次節で学ぶ寡占市場になり、さらに市場価格に影響力がなくなっていけば完全競争市場になっていきます。現実の社会で独占となっている財・サービスの市場はあまりありません。利益を獲得できるチャンスがあれば、その市場に参入していくためです。しかしながら、独占市場にした方がよい場合もあります。これは自然独占と呼ばれる状況ですが、次は自然独占について学習していきます。

● 自然独占

　独占市場では新規参入が可能であり、利益を獲得できるようであれば、独占市場から競争市場へ移行していきます。しかし、現実の社会では独占の方が効率的な場合もあります。それが**自然独占**と呼ばれるものです。

　例えば、現在では電気事業のうち送電部門だけ独占になっていますが、それ以前では電気事業そのものが独占となっていました[★2]。地域ごとに独占企業が存在し、10電力体制といわれていました[★3]。ここでは電気事業を事例に、自然独占について学んでいきましょう。

　電気事業は発電所を建設し発電を行い、送電線を敷設し、消費者に電気を供給します。発電所建設や送電線の敷設などには莫大な費用（固定費用）が必要になります。この莫大な費用を回収するために電気の生産量を増やしていくことで、電気事業にかかる費用（平均費用）が下がっていきます。これを**規模の経済**といいます。

　では、ここでライバルの生産者が参入してきたらどうなるでしょうか。ライバルの生産者も同じく発電所を建設し、同じような場所に送電線を敷設するので、莫大な費用を回収する必要があります。しかし、消費者はすぐには増えません。限られた消費者を2社で奪い合うことになります。そうなると、当初見込んでいた電気の生産量が減ってしまい、電気事業にかかる費用も十分に下がりません。そして莫大な費用の回収が困難になり、2社ともつぶれてしまいます。電気の供給が止まってしまえば、私たちの日常生活は成り立たなくなってしまいます。このような事態を防ぐために、新規参入を規制して独占を認めるということになります。このような独占を自然独占といいます。

　自然独占になる産業では、国有で独占企業としていたり、法律などで規制を設けていたりしています。このように参入を規制し、競争を抑制することは**参入障壁**と呼ばれています。現在は逆に規制を緩和して参入障壁を減らし、競争を促す**規制緩和**が進んでいます。電気事業のほかにガス事業でも規制緩和が進んでおり、以前は航空事業や電気通信（電話）などの分野でも規制緩和が進められました。このように規制緩和が進むことで新規参入する生産者が増え、競争市場になっていきます。

★2
規制緩和が進み、発電部門と小売り部門への新規参入が可能となりましたが、送電部門は独占のままになっています。

★3
これまで電気事業は地域ごとに電力を供給する電力会社が決まっていました。例えば、東北6県と新潟県は東北電力、関東1都6県と山梨県および静岡県の一部は東京電力が電力を供給していました。このように北海道電力、東北電力、東京電力、中部電力、北陸電力、関西電力、中国電力、四国電力、九州電力、沖縄電力の10社によって電力が供給されていた体制のことを10電力体制といいます。

しかし、規制緩和が進んでも完全競争市場が形成されるとは限らず、いくつかの生産者によって市場が形成されることもあります。また、財・サービスの性質などによって、もともとそれほど生産者が多くない産業もあります。次節では、このようないくつかの生産者で市場が形成される状況について学んでいきます。

COLUMN 独占市場のグラフ

独占市場では完全競争市場と異なり、独占企業が価格を決定することができます。しかし、好き勝手に高い価格を設定しても消費者は購入してくれません。そのため、独占企業は需要を考慮した上で価格を決定します。

次のグラフを見てください。独占市場では限界収入曲線MRが独占価格の決定に大きく影響を及ぼします。限界収入曲線は生産量を1単位増加することで得られる追加的な収入の大きさを表しています。独占市場では限界費用曲線MCと限界収入曲線MRが等しい（交点A）ときの生産量Q_Mで生産量が決定され、その生産量のもとで、需要曲線Dと交わる点（交点C［クールノーの点といいます］）のところで独占価格P_Mが決定します。

独占価格P_Mと生産量Q_Mが分かったので、次に独占企業の利潤を求めます。独占企業の収入は独占価格×生産量で求めることができます。グラフでは□P_MOQ_MCになります。費用は平均費用曲線ACから求めることができます。生産量がQ_Mですので、そのときに平均費用曲線と交わる点（交点B）での費用水準P_Aが平均費用になります。費用は平均費用×生産量で求めることができますので、グラフでは□P_AOQ_MBになります。よって独占企業の利潤は、

利潤＝収入－費用＝□P_MOQ_MC－□P_AOQ_MB＝□P_MP_ABC

になります。なお、完全競争市場の市場均衡は点Eになりますので、独占価格P_Mは均衡価格P^*よりも高く、独占市場の生産量Q_Mは均衡取引量Q^*より少なくなっています。ここからも独占市場の弊害をうかがい知ることができます。

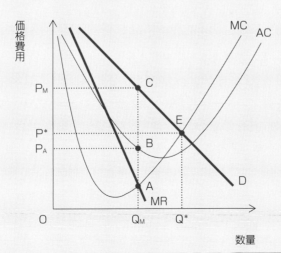

2. 寡占

●寡占とは

前節では、市場に生産者が1社の場合の独占について説明してきましたが、本節では、市場に生産者が2社以上いる場合について説明していきます。

市場に2社以上の生産者がいる状況を**寡占**といい、そういった市場を**寡占市場**といいます。特に2社しか市場に存在しない場合は**複占**ともいいます。独占市場は現実の社会にはあまりありませんが、寡占市場は身の回りで多く見られます。例えば、自動車、パソコン、家電製品などの市場を見ると、主要な生産者は限られてきます。その少数の生産者間で競争が行われています。

寡占市場の生産者は、自らの利益を最大にするように行動を取りますが、少数であるがゆえにライバルの生産者が明確で、競争が激しくなります。その一例として独占的競争がありますが、詳しくは後述します。まずは、競争を避けようとして協力するような行動について見ていきましょう。

生産者同士が協力し合うと、独占市場と同じような状況が生まれてしまいます。代表的なものとして、生産者が互いに共謀して価格や生産量などを決めてしまう**カルテル**があります。ニュースで耳にすることもある**談合**という言葉がありますが、これは国や地方自治体、民間企業などが行う入札において、入札を行おうとしている生産者同士で、誰が落札するか、入札価格はいくらにするかといったことを決めてしまうことです。これでは十分な競争が働きません。また、生産者同士で株式を買収したり互いに持ち合ったり、あるいは会社役員を兼任したりするなどして、実質的に同一の生産者とするような場合もあります。これは**トラスト（企業結合）**と呼ばれるものです。これらは独占禁止法によって管理されています。

●寡占市場の指標

生産者が少ない寡占市場では、1社の生産者が多くの市場シェアを持つことも珍しくありません。また、価格の決定に対しても影響力を持ち、**価格先導者（プライスリーダー）**となることもあります。

ある市場の中でどの生産者がどの程度集中しているのか、簡単にいうと、その市場における生産者の競争状態を知る代表的な指数として、**ハーフィンダール・ハーシュマン指数（HHI）**があります。HHIは各生産者の市場占有率（市場シェア）を基に計算され、計算式は各生産者の市場占有率を2乗して足し合わせるというものです。例えば、1社による独占市場の場合、市場占有率は100%ですので、$HHI=100^2=10,000$となります。これはHHIの最大値になります。A社が80%、B社が20%の複占市場の場合は、$HHI=80^2+20^2=6400+400=6,800$となります。逆に多くの生産者が存在していて市場占有率が低い場合、例えば100社の生産者が市

場占有率を1％ずつ持っている場合は、HHI=$1^2+\cdots+1^2=100\times1^2=100$となります。このようにHHIは数値がゼロに近づくほど、完全競争状態に近づいていきます。公正取引委員会では、独占禁止法の運用に際してHHIの指標も活用しています。

● 独占的競争

　寡占市場では生産者同士の競争が激しく行われています。そのような中で、ライバルの生産者と「差」をつけることで、自社の生産物の生産量を拡大させることができます。ここでは、その「差」に着目します。完全競争市場や寡占市場では、同一の財・サービスを生産しています。しかし、消費者のニーズに合わせるなどして同じ生産物でも「差」をつけて差別化を図ることで、自社の生産物をより多く販売することができます。

　近年であれば動画配信サービスを行っている生産者がいます。生産者によって、映画が豊富である、スポーツをライブ配信している、独自のドラマを作成しているなど、他の生産者と差別化を図り、動画配信のメニューの多さや違いで競争しています。このように、同じサービスでも、その内容で他の生産者と差別化を図って競争することを**独占的競争**といいます。

　独占的競争における差別化の内容はさまざまで、品質や性能で差別化を図ったり、デザインで差別化を図ったりしています。自動車で例を挙げると、品質や性能であれば自動車の燃費性能を向上させることによって燃料費がかからないという点から競争で優位に立つことができます。デザインであれば小型でも多くの荷物を積めるということや、さまざまなカラーリングが可能であるということなどがあります。消費者のニーズをつかみ、品質やサービスの内容次第で市場シェアを広げることができます。このように価格以外の要素で起きている競争を**非価格競争**といいます。

燃費がよく環境にやさしい

カラーが豊富でデザインもよい

> **COLUMN　ネットワーク外部性**
>
> 　独占や寡占では生産者側に視点を置いて述べてきましたが、消費者が1人の場合はどうでしょうか？　通常は買い手独占という言い方をしますが、モノによっては全く意味をなさないモノもあります。
> 　例えば電話があります。自分1人しか電話を持っていなかったとしたら通話できる相手がいませんので、電話の利用価値がありません。電話を持っている人が2人になると通話できる組み合わせが1つ生まれ、ようやく電話の存在価値が見出されてきます。さらに3人になると通話できる組み合わせは3通り、4人になると6通り、5人になると10通りと増えていきます。
> 　このように、利用する消費者が増えることで利用価値がどんどん高まっていくことがあります。このようなことを**ネットワーク外部性**といいます。ネットワーク外部性は電話だけでなく、インターネットやパソコンのOS・ソフトなども該当します。

3. ゲーム理論と情報

● ゲーム理論とは

　寡占市場では少数の生産者で競争が行われていて、ライバルの生産者が存在しています。ライバルの生産者の行動が分かれば、自分たちが優位になるような行動を選択するでしょう。このようにある状況を想定したときに、生産者はどのような選択（意思決定）をするのかに着目した学問分野として、**ゲーム理論**があります。

　これまで生産者や消費者といっていた経済主体は、ゲーム理論では**プレイヤー**と呼びます。プレイヤーはそれぞれ目的を持っており、自分たちが置かれている状況（ゲーム的状況）や、他のプレイヤーの意思決定を考えながら、目的を達成するための意思決定を行っています。プレイヤーは自らの目的達成に向けて、どのような意思決定を行うのかという**戦略**を考えます。仮にプレイヤーが寡占市場の生産者であれば、他のプレイヤーがどれくらい生産するのかを考え、自らの生産量を決定して、それぞれのプレイヤーが**利得**を最大化させようとします。そして、すべてのプレイヤーが他のプレイヤーの戦略に対し自分の利得が最大となる戦略をとっているとき、その戦略の組み合わせのことを**ナッシュ均衡**といいます[★4]。

● 囚人のジレンマ

　では、具体的に**囚人のジレンマ**という有名なゲーム理論を考えていきましょう。まずゲーム的状況を説明すると、ある犯罪で捕まった容疑者Aと容疑者Bの2人のプレイヤーがいます。容疑者はそれぞれ別々に取り調べを受けており、容疑者

[★4] ナッシュとは、ジョン・ナッシュというアメリカの数学者の名前に由来しています。ナッシュは非協力ゲームに関する研究で1994年にノーベル経済学賞を受賞しています。

同士で情報を交換することはできません。容疑者は取り調べに対し、「黙秘」と「自白」という戦略を持っています。容疑者が2人とも黙秘すると、その犯罪の刑期で服役期間が決まります。一方、相手の容疑者が黙秘する中で、自分が自白をすれば自分の刑期を短くすることができますが、相手の容疑者の刑期は長くなります。2人とも自白をするとお互いに刑期が長くなります。このようなゲーム的状況のとき、2人の容疑者は「黙秘」と「自白」のどちらを選ぶでしょうか。

ポイントになるのは刑期の長さになってきます。そこで、分かりやすいようにそれぞれの戦略での刑期の長さを容疑者に提示するとします。2人とも黙秘をした場合は刑期がそれぞれ3年、逆に2人とも自白をした場合は刑期がそれぞれ7年になります。一方、1人の容疑者が黙秘し、もう1人の容疑者が自白した場合、自白した容疑者の刑期は1年に短縮され、黙秘した容疑者は10年に延長されます。このような状況を整理したものが表5－1になります。カッコ内は容疑者の刑期の長さを示しており、（容疑者Aの刑期、容疑者Bの刑期）となっています。

表5－1　容疑者の刑期の長さ

		容疑者B	
		黙秘	自白
容疑者A	黙秘	（3年、3年）	（10年、1年）
	自白	（1年、10年）	（7年、7年）

このようなゲーム的状況で容疑者はどのように考えるでしょうか。容疑者Aは、容疑者Bが黙秘した場合と自白した場合の自分の刑期を考えるはずです。容疑者Bが黙秘した場合、自分が黙秘したら3年、自白したら1年ですので、自白した方が得です。容疑者Bが自白した場合、自分が黙秘したら10年、自白したら7年ですので、自白した方が得です。よって、容疑者Bがどちらを選ぼうが、容疑者Aにとっては自白した方が得になります。

逆に容疑者Bも、容疑者Aが黙秘した場合と自白した場合を考えますが、同じように自白を選ぶことになります。よって、容疑者Aも容疑者Bも7年の刑期が確定します。

このように囚人のジレンマでは、お互いに自白を選択しますが、容疑者であるプレイヤーの戦略において、それぞれの利得が最大になるように選択した結果ですので、この選択はナッシュ均衡になっています。

客観的に見てみると、お互いに黙秘を選んでいればお互い3年の刑期で済むと分かりますが、容疑者たちは7年の刑期を選んでしまうジレンマに陥ってしまいます★5。これは、2人の間で情報のやりとりができないために、自分に都合の良い選択をした結果です。もし情報のやりとりができる状況だったら、結論は変わっ

★5
お互いに黙秘して3年の刑期になるという選択は、容疑者の2人の社会にとっては本来であれば最も良い選択となりますので、**パレート最適**となります。第4章p.67でも学びましたが、パレート最適は、誰かの状況を良くしようとするならば、他の誰かの状況が悪くならないといけない状態、つまり2人の状況がともにこれ以上良くなることのない状態のことをいいます。

ていたことでしょう。

● 情報の非対称性

　では、「情報」がプレイヤーの戦略に大きな影響を与えることについて考えていきます。通常、完全競争市場では、生産者も消費者もその市場について完全に情報を把握しているものと想定されています。しかし、現実の社会ではどうでしょうか。ここでは中古車市場を例に、中古車を売っているディーラーと、中古車を購入しようとしている消費者の2人のプレイヤーのやりとりについて考えていきましょう。

　ディーラーは中古車を仕入れる際、過去に事故を起こしたかどうかという情報を手に入れています。過去に事故を起こし、欠陥のあるような中古車はレモンと呼ばれ、中古車のお店では無事故で品質の良い中古車と比べて安く販売されることになります[6]。このように中古車のディーラーは、自分が販売している中古車の品質を把握し、販売価格にも差をつけています。こうしたゲーム的状況のもとで、ディーラーは欠陥のある中古車を30万円、事故を起こしていない品質の良い中古車を70万円で販売しているとします。

　一方、中古車を購入しようとしている消費者は、自動車を購入することが目的で、自分のほしい中古車の種類や年式などから価格の相場を調べて、購入するときのおおよその価格を想定しています。ここでは50万円で中古車を購入しようと考えているものとしましょう。

　消費者が実際に中古車のお店に行き、70万円と30万円の中古車が販売されていたら、自分が想定していた価格の範囲内で購入できる30万円の中古車を購入するでしょう。消費者は30万円の中古車に欠陥があることを知りませんし、想定していた価格よりも安く購入できたと考えます。

　中古車の販売価格は70万円と30万円で平均すると50万円になるので、消費者の想定した価格はおおよそ妥当なものでした。しかし、実際に購入した中古車は欠陥車でした。この結果、同様の事例が起き続ければ、中古車市場では品質の良い中古車が選択されなくなってしまい、欠陥車ばかりが流通してしまう恐れが生じます。このように、持っている情報の格差（**情報の非対称性**）が原因で、粗悪な商品のみが流通してしまうことを**逆選択**といいます。

★6
欠陥のある中古車をレモンというのに対して、特に欠陥もなく品質の良い中古車はピーチといいます。このレモンやピーチという表現はアメリカのスラング（俗語）です。

● モラル・ハザード

ほかにも情報の非対称性によって生じる問題として、**モラル・ハザード（道徳的危険）**というものがあります。もともとは保険業界で用いられていた用語で、保険加入によって注意を怠るようになってしまい、かえって事故をもたらしてしまうというものです。こちらは自動車保険を例に説明していきましょう。

自動車の運転手は、交通事故に備えて保険に加入します。これでもし交通事故が起きても保険金がおりるため安心です。しかし、保険金がおりるからと安心すると、運転が荒くなったり緊張感を失ったりして、運転手の不注意で交通事故を起こす確率を高めてしまいます。

そして、仮にこの運転手が交通事故を起こした場合、保険会社は運転手の不注意が原因で交通事故（最悪の場合、保険金を狙った故意の事故）が起こったのか、注意しても回避することのできなかった交通事故だったのか判断できません。結局、保険会社はこの運転手に対して保険金を支払うことになります。

保険に入った後に、運転手の運転に対する態度などを保険会社が把握することは困難です。運転手に関する情報を保険会社が持ち合わせていないという情報の格差、つまり情報の非対称性によってモラル・ハザードをもたらしてしまいます。

COLUMN　独占から競争へ

電気事業のようにこれまで独占だった市場が規制緩和され、競争市場に移行することがあります。日本の電気事業は独占とはいえ従来から民営企業が行っていましたが、ヨーロッパでは国有企業が行っている国もありました。しかし、規制緩和の流れの中で民営化も進んでいき、今では国境を越えて電力取引が行われています。

日本の電気事業における規制緩和は少しずつ行われ、2016（平成28）年4月に小売り全面自由化になりました。これに伴い、電力消費者は電気の購入先を自由に選べるようになり、それに合わせて多くの企業が新規参入しています。経済産業省のホームページに登録小売電気事業者として掲載されている電気を小売りする企業は467事業者（2018［平成30］年3月30日現在）を数え、石油元売りやガス供給などのエネルギー関連企業だけでなく、総合商社や電気通信事業など、さまざまな業種の企業が参入し、競争が行われています。

第5章の練習問題

1．以下の文章の①〜④に当てはまる適切な用語を答えなさい。

1社の企業によって財・サービスが供給されている市場を（　①　）といい、日本では（　②　）という法律で規制され、公正な市場競争を形成している。一方、2社以上の少数の企業によって財・サービスが供給されている市場を（　③　）という。このような市場で見られる特徴として、生産する財・サービスの品質や性能、デザインなどで差別化を図って競争する（　④　）がある。

2．以下の4つのケースについてそれぞれハーフィンダール・ハーシュマン指数を求め、大きい順に並べなさい。
　A．主に3社によって供給され、市場占有率が40%、30%、30%の市場
　B．主に3社によって供給され、市場占有率が50%、30%、20%の市場
　C．主に5社によって供給され、市場占有率が40%、20%、20%、10%、10%の市場
　D．主に5社によって供給され、市場占有率が60%、10%、10%、10%、10%の市場

3．【応用問題】

次の表は、従業員Aと従業員Bがあるプロジェクトに参加した場合と参加しない場合のそれぞれの利得を示したものである。このプロジェクトに2人とも参加しない場合は、他の仕事に集中できるという利得があるが、相手が参加し、自分が参加しない場合は、他の仕事に集中できず自分の利得が得られないとする。お互いに相手のプロジェクト参加の意思が分からないとすると、このときのナッシュ均衡を求めなさい。なお、（　）内の前の数字は従業員A、後ろの数字は従業員Bの利得を表している。

従業員B

		参加する	参加しない
従業員A	参加する	(80、60)	(30、0)
	参加しない	(0、30)	(40、60)

第6章 市場の失敗

本章に関連する一枚

この写真は本章で学ぶ外部性をイメージした写真です

　第4章までは、需要と供給のメカニズムに任せていれば、市場において効率的な配分が行われ、最適な需要量と供給量が決定されることを学びました。しかし、どんな状況でも市場メカニズムが万能とは限りません。第5章で学んだ独占などのケースに加えて、本章で学ぶ外部性などが存在するもとでも、社会的に最適な均衡取引量は達成されません。このような状況は、市場が失敗していると考えられます。

　本章では、まず、外部性が存在する場合、どのようなメカニズムで最適な均衡取引量から離れてしまうのかを学びます。そして、最適な均衡取引量から離れた状況における余剰について考えます。最後に、正の外部性を有すると考えられる公共財について学びます。

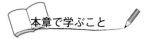

・負の外部性、正の外部性のメカニズムについて学びます。
・外部性が存在する状況の余剰分析について理解します。
・公共財の性質について理解します。

1. 外部性

● 外部性とは？

　外部性とは、何を意味するのでしょうか。漢字から想像すると、何かの「外」であることが推測できると思います。何の「外」かというと、これまで学んできた「市場」の「外」を指しています。

　経済学において、外部性はある経済主体の行動が市場を経由しないで他の経済主体に与える効果を意味します。また、外部性は外部効果とも呼ばれます。市場を経由しないということは、他の経済主体に与える効果の部分については、金銭的な取引が発生していないということになります[1]。

　喫煙家のAさんの行動をもとに具体例を考えてみましょう。Aさんがタバコを買うという行動は、お店と金銭的な取引を行っているので市場の内の出来事です。では、Aさんがタバコを吸うという行動はどうでしょうか。Aさんの周りに多くの人がいた場合、Aさんの吸うタバコの煙を嫌だと感じる人もいるでしょう。このとき、タバコの煙による迷惑について、金銭的な取引は生じていません。つまり、Aさんの吸うタバコの煙は、市場の「外」で周囲の人に影響を及ぼしているのです。

● 正の外部性・負の外部性

　上記では、タバコの煙が周囲にマイナスの影響を及ぼす例を示しました。ある経済主体の行動が市場を経由しないで他の経済主体に好ましくない影響を与える場合、**負の外部性**と呼びます。負の外部性の例は、多くは公害に含まれます。あなたの周囲で騒音や排気ガスが発生して嫌な気分になっても、発生主体があなたに金銭的な補償をすることはまれでしょう。

　反対に、ある経済主体の行動が市場を経由しないで他の経済主体に好ましい影響を与える場合は、**正の外部性**と呼びます。正の外部性の例には、公的な機関が供給するものを挙げることができます。教育や公園が一例です。私的に供給されるものでも、正の外部性を伴うものも存在します。例えば、あなたがきれいな花を見ることが好きだとします。隣の家がガーデニングを行っていた場合、あなた

---

[1] 西村（2011）の例にあるように、パソコンの生産量の増加がプログラマーの賃金上昇に影響を与えている場合は、単に市場を通じて影響しているだけであり、市場の失敗ではありません。このような、市場の結びつきの結果として他の市場の価格に影響を及ぼす効果は、金銭的外部性という概念が当てはまります。

▶第6章 市場の失敗

は隣の家の人にお金を支払うことなく、きれいな花を観賞することができます。

● 負の外部性の問題点

　先にも述べたように、負の外部性はある経済主体の行動が市場を経由しないで他の経済主体に好ましくない影響を与えます。この場合、経済学的な視点から何が問題になるのでしょうか。これについて、図6－1を用いて説明します。引き続き、タバコの例で考えていきます。図6－1の縦軸は費用または価格を示し、横軸はタバコの喫煙本数を示します。単純化のために、登場人物はAさんとBさんの2人のみとします。そして、タバコを吸うのはAさんだとします。

　まず、図6－1にある直線の説明をしましょう。右下がりの私的限界便益は、Aさんがタバコ1本を**追加的**に吸う場合の、**追加的**な便益を示しています。なぜこの直線は右下がりなのでしょうか。第2章の消費者余剰の部分でも説明しましたが、もう一度簡単な例でおさらいしてみます。空腹の状態を想像してみましょう。ここにおにぎりが5つあるとします。お腹が空いているときの1つ目のおにぎりから得る満足度は、非常に大きいでしょう。では、その状態から2つ目のおにぎりを食べたとします。満足度は大きいですが、先ほど1つ目のおにぎりから得た満足度ほど大きくはないはずです。5つ目のおにぎりを食べるころにはお腹がいっぱいになり、もう食べられない状態ならば、5つ目のおにぎりから得られる満足度はほとんどありません。私的限界便益の右下がりの直線は、この状況を表しています。タバコの例に置き換えると、Aさんは1本目のタバコから大きい満足度を得ており、吸う本数が多くなるにつれて追加的な満足度は小さくなっていくことになります。

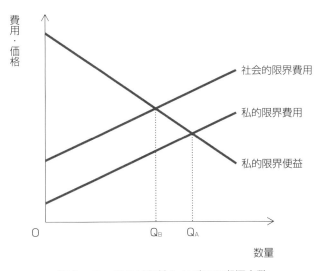

図6－1　負の外部性とタバコの喫煙本数

次に、右上がりの直線のうちの、私的限界費用は何を示しているのでしょうか。おにぎりの例で考えてみます。おにぎりを少し家から離れたコンビニエンスストア（コンビニ）に買いに行くとしましょう。最初の1個を買う場合は、まだ疲れておらず、肉体的にも心理的にも費用は大きくありません。そして、おにぎりを1つ買って帰ってきて食べるとします。しかし、おにぎり1つでは物足りなくなり、追加でもう1つ食べたいと思った場合、1つ目を購入するために家とコンビニを往復し、少し疲れているなかで、またコンビニにおにぎりを買いに行かなければなりません。そのような状況では、追加的におにぎりを買いに行くという行為に伴う追加的な費用は右上がりになります。こういった事実を反映して、私的限界費用を右上がりとしています。タバコの例に置き換えると、Aさんが追加的に1本タバコを吸うことに対しての追加的な費用は大きくなっていくと仮定しています。費用としておにぎりだけの価格やタバコだけの価格を考え、その価格は一定とするなら、私的限界費用は水平な線となります。

　もう一つの右上がりの直線である社会的限界費用は、何を示しているのでしょうか。これは、私的限界費用よりも上に位置しています。私的限界費用は、Aさんが追加的に1本タバコを吸うことに対しての追加的な費用でした。これは、周囲に対する迷惑を考えていません。社会的限界費用は、私的限界費用に金銭換算したタバコによる周囲の被害額を加えたものとなります。

　さて、Aさんの吸うタバコの本数はどのように決定されるのでしょうか。Aさんが周囲に対するタバコの迷惑を考えない場合、私的限界便益と私的限界費用に従って、タバコを吸う本数が決定されます。つまり、私的限界便益と私的限界費用の交点であるQ_AがAさんの選択する喫煙本数となります。では、周囲へのタバコの迷惑を考慮した場合、社会的に最適な喫煙本数はどの点で示されるのでしょうか。それは、社会的限界費用と私的限界便益の交点であるQ_Bです。

　ここから、負の外部性が存在することでの問題点が分かります。周囲に及ぼす悪影響まで考慮した場合の最適なタバコの喫煙本数はQ_Bで示されます。一方、Aさんが周囲へのタバコの影響を考慮せず、自身の私的限界費用曲線と私的限界便益曲線に従ってタバコの喫煙本数を決定する場合、Q_Aになってしまいます。喫煙本数は$Q_A > Q_B$なので、負の外部性が存在する場合、Aさんが決定する喫煙本数は社会的に最適な喫煙本数よりも多くなってしまうことが問題となります。

　この問題を余剰分析で考えてみましょう。図6－2のグレーの部分は、社会的に最適となる喫煙本数Q_Bを超えてQ_Aで喫煙本数が決定された場合の厚生損失（死荷重）の大きさを表しています。まず、政府がタバコ1本につきCDの大きさの税金を課し、社会的に最適な本数Q_Bで喫煙本数が決定された場合の余剰を考えてみましょう。喫煙者が受け取る余剰は△ACE、税収は□CDFE、周囲の被害額は□CDFEとなります。税収と被害額は相殺できるので、残された余

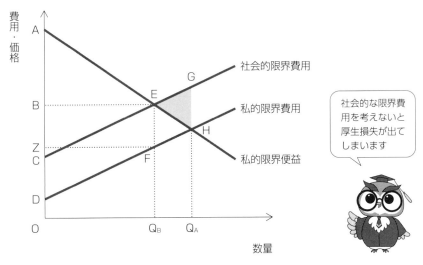

図6-2　負の外部性と厚生損失

剰は△ACEとなります。

　次に、Q_Aで喫煙本数が決定された場合の余剰を考えてみましょう。税金が課されていないので、私的限界費用と私的限界便益に従って喫煙者は喫煙本数を決定することは先に説明しました。その場合、喫煙者が受け取る余剰は△ADHとなります。一方、周囲は1本あたりCDの大きさの被害を受けているので、喫煙本数がQ_Aの場合の総被害額は□CDHGとなります。被害額のうち、□CDHEは喫煙者が受けとる余剰と相殺できるとします。しかし、グレーの部分の△EHGの部分は相殺できず残ります。つまり、この場合の総余剰は△ACE－△EHGとなります。税金が課せられて社会的に最適な喫煙本数がQ_Bで決定された場合の余剰に比べて、△EHGの分だけ余剰が減ってしまうことが分かります。

● 正の外部性の問題点

　正の外部性が存在する場合、市場を経由しないで他の経済主体に好ましい影響を与えるので、一見すると何も問題ないように考えられます。しかし、正の外部性での問題点として、過小供給になってしまうことが指摘されます。今回は、Aさんの庭を例に考えてみましょう。Aさんの家庭では庭が広く、Aさんは自分の子どものために遊具を設置して公園のようにしているとしましょう。そして、Aさんは心が広く、隣の家のBさんの子どもも自由にその庭で遊ぶことができるとします。その状態は図6-3に示されているとします。図6-3は、先ほどの負の外部性の図と非常に似ていますが、限界便益が私的なものと社会的なものの2つに区別されていることが違います。

　Aさんの家は、自身の庭を公園のようにしていますが、その広さはAさんの家

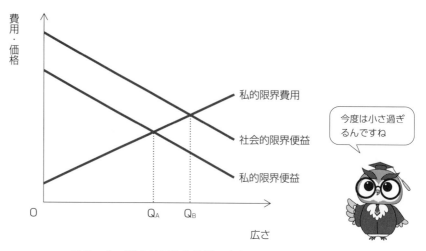

図6-3　正の外部性と公園の広さ

庭が考える私的限界費用と私的限界便益によって決定されます。その場合、公園の広さはQ_A（私的限界費用と私的限界便益の交点）となります。Bさんの家庭についても、Aさんの公園が使用できてうれしいので、Bさんの家庭も公園から便益を得ます。ここで、Bさんの家庭が得る限界便益をAさんの私的限界便益に足してみましょう。それが、図6-3に示されている社会的限界便益の概念です。

Aさんの家庭がBさんの家庭の便益まで考慮して公園の広さを決定するのであれば、最適な広さはQ_Bとなります。しかし、通常、Aさんの家庭はBさんの家庭の便益を考慮せず、私的限界便益に従って公園の広さを決定します。そのため、正の外部性が発生している場合、社会的に望ましい広さよりも小さい広さになってしまいます。つまり、社会的に最適な数量よりも過小供給になってしまいます。これが、正の外部性が発生している財に関する問題点です。

この場合についても、余剰の変化で考えてみましょう。Aさんの家庭が自身の家庭の限界便益のみを考慮して公園の広さを決定した場合、その広さはQ_Aとなり、Aさんの家庭が受け取る余剰の大きさは△BDFとなります（図6-4）。さらに、Bさんの家庭も便益を受け取ることができるのですが、それはAさんの家庭が受け取る私的限界便益曲線と社会的限界便益曲線の差のABの大きさに広さをかけたものであると考えることができるので、Bさんの家庭が受け取る余剰は□ABFEとなります。

では、もしAさんの家庭が広さQ_Bまで公園を供給した場合、余剰はどのようになるでしょうか。Q_BとQ_Aの間ではAさんの家庭については私的限界費用が私的限界便益を上回ってしまっています。Aさんの家庭の余剰は△BDFから△FHGを引いたもので示すことができます。つまり、Q_Aの広さのときよりも△FHG分だけ余剰が減少します。しかし、Bさんの家庭が得る余剰は広さがQ_Aの

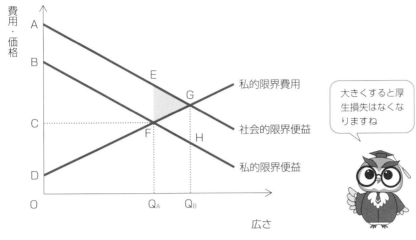

図6-4　正の外部性と厚生損失

ときより□ＥＦＨＧだけ増加します。Ａさんの家庭の余剰の減少分である△ＦＨＧとＢさんの家庭の余剰の増加分である□ＥＦＨＧを足すと、Q_Aの広さの場合と比較して、Q_Bの広さの場合の余剰は△ＥＦＧ分だけ増加することになります。

● 外部性についてのまとめ

これまでの話をまとめると、負の外部性が存在する場合、社会的に最適な量よりも多い量で消費が決定され、正の外部性が存在する場合、社会的に最適な量よりも少ない量で消費が決定されます。この原因として、負の外部性が存在する場合は、私的限界費用と社会的限界費用に差が生じていること、正の外部性が存在する場合は、私的限界便益と社会的限界便益に差が生じていることなどが考えられます。

負の外部性、正の外部性どちらが存在する場合でも、私的限界費用や私的限界便益に従って消費量が決定されているのであれば、社会的に最適な量とは異なる点で消費が決定されます。これは市場が効率的な資源配分に失敗しているといえます。これまでの説明で、本章のトピックである**市場の失敗**の存在を示すことができました。

2．公共財

● 公共財とは

公共財は、2つの性質を有している財を指します。その2つとは、**非排除性**と**非競合性**です。この2つの性質についてみていきましょう。

非排除性は、ある財の消費から特定の消費者を排除することが難しいという性

質です。通常、お金を支払った人が購入した財を消費することができます。逆に言えば、お金を支払わない人をその財の消費から排除することが可能です。しかし、非排除性を有する財については、お金を支払わない人でも、その財の消費を妨げないということなので、ただ乗り（フリーライド）が可能といえます。

次に、非競合性について考えます。非競合性は、ある人がその財を消費しても、他の人が消費することのできる量は変わらないという性質です。まず、通常の財の場合を考えましょう。ケーキ屋さんに売っているチョコケーキをあなたが買い、食べるとします。すると、あなたが食べた分のケーキは、他の人が消費することはできません。一方、非競合性を持つ財は、あなたが消費してもなくならず、他の人がそのまま消費することができます。例えば、道路はあなたが歩いても、他の人が歩けないということはありません。

ただ、現実には非排除性と非競合性のどちらも完全に満たすものはなかなか見当たりません。先ほど例に挙げた道路も、道が混んでいる場合は、本当は通りたい道が通れず、違う道を選択する必要が出てきます。こういった、部分的にしか非競合的でない財は、混雑性を持つということもいえます。

● 公共財の例

公共財の例として、国防、防災、道路、公園、保健等が挙げられます。先ほども述べたように、利用者が多くなればなるほど混雑し、消費が妨げられるという側面もありますが、基本的にはお金を支払うことなく、また誰かが消費しても自分の消費が妨げられることはありません。

正の外部性の例に出てきた「公園のようなAさんの家の庭」は、Aさんの子どもとBさんの子ども以外は排除していました。もしAさんがすべての人に自身の庭を開放し、かつ使用料を求めなければ、Aさんの家の庭も公共財ということになります。つまり、非排除性と非競合性の2つを有していれば公共財であり、誰が供給したかは問題になりません。言い方を換えれば、政府のような公的な機関が供給した公共性の高いサービスだからといって、お金を支払うことが必要もしくは特定の人が利用できない状況では公共財とは呼べません。

● 主に政府が公共財を供給する理由

前項では、非排除性と非競合性の2つを有していれば公共財であり、誰が供給したかは問題にならないと述べました。しかし、例に挙げた公共財の多くは政府が供給しています。これはどういった理由からくるものでしょうか。

この理由には、公共財が持つ2つの性質と、公共財は正の外部性を持つ場合が多いということが挙げられます。例えば、地域に公園がなかったとしましょう。公園を供給するとなると、公共財として公園を供給する側は、利用料をもらうこ

とはできず、誰にでも利用してもらうことになります。一方、公園を利用する側からすれば、利用料を支払わずに利用できることになります。この状況では、誰かが造った公園を負担なしに利用することが効用を最大にする行動といえます。地域にいる全員がこのような考えであったのなら、公共財としての公園は供給されなくなります。

また、先のAさんがBさんの子どもだけでなく、地域の子ども全員にAさんの家の公園のような庭で遊んでもよいことにした場合はどうでしょうか。Aさんは公園の広さを自身の限界便益と限界費用の交点で決定します。これには、地域の子どもたちがたくさんいるから大きな公園のような庭にしよう、といった考えは入っていません。つまり、Aさんの供給する公共財としての公園は過小になります。この結果は、正の外部性をもつ財が過小供給になる理由にほかなりません。

つまり、公共財を自発的な供給に任せていたのであれば、供給されないか過小供給になってしまいます。そのため、社会的に適正な水準になるよう、政府が公共財を供給している場合が多いのです。

3．本章のまとめ

本章では、市場の失敗がなぜ生じるのか、外部性の存在に注目して説明をしてきました。私的限界費用または私的限界便益が社会的なそれと異なることが主な原因です。そして、公共財の多くが非排除性・非競合性を有し、正の外部性を生じさせることにより、自発的供給に任せていると社会的に最適な数量と比較して過小になってしまうことを述べました。市場の失敗の存在は、政府が積極的に介入する根拠となります。

COLUMN　ピグー税（補助金）

本章では、負の外部性を持つタバコは、個人の意思決定に任せてしまうと社会的に最適な本数に比べて多い喫煙本数になってしまうことを説明しました。そして、本章の説明では、タバコに税金をかけた場合、社会的に最適な喫煙本数にすることが可能ということでした。負の外部性を持つものには税金をかけ、正の外部性を持つものには補助金を与えることで、外部性を発生させる主体に他者に与える費用や便益を内部化させることができるといわれています。この考えはイギリスの経済学者であるピグー（Pigou, A. C.）によるものであり、ピグー税またはピグー補助金と呼ばれます。

第6章の練習問題

1．ある財は生産に伴い、公害が発生することにより、社会的限界費用が私的限界費用を上回ってしまう。財を生産する企業が公害による周囲の影響を考慮しない場合、生産量は社会的に最適な水準と比較して多くなるか、少なくなるか、答えなさい。

2．次の文章は正しいか、誤っているか、答えなさい。
　正の外部性を有する財は周囲に良い影響を与えるので、供給量に関して政府が介入する必要はない。

3．次の文章の（①）〜（④）に入る組み合わせとして適当なものを選びなさい。
　公共財は（①）と（②）の性質を有するものであり、（③）の外部性を持つと考えられる。この場合、個人の自発的供給に任せると社会的に最適な水準よりも（④）になる。
　　A　①：非競合性　②：非排除性　③：正　④：過小
　　B　①：非競合性　②：非排除性　③：負　④：過小
　　C　①：非競合性　②：非排除性　③：正　④：過大

Part 2

マクロ経済学

第7章～第12章では、マクロ経済学に関連する議論を紹介します。マクロ経済学は一国の経済などを全体的に捉えるので、ミクロ経済学の議論より少し大味な印象を受けるかもしれません。しかしその代わり、景気や雇用といった、皆さんが子どものころから「経済」ニュースなどで見聞きしてきたような、より総合的な視点からの議論を扱うことが可能になります。まずは日本・世界経済の発展の歴史から、続いてGDPの概念やその決定に関わる理論、経済政策などについて、順を追って学んでいきましょう。

第7章 日本経済と世界経済のこれまで

本章に関連する一枚

安倍晋三首相は、アベノミクスを打ち出しました

　戦後復興から1970年代初頭にかけて、わが国は急速な経済成長を成し遂げました。1955年以降の日本経済は、「高度成長期」「安定成長およびバブル経済期」、バブル崩壊後の「不況期」の3期に分けられます。高度成長期における平均9.3％という高い実質経済成長率は、内需、とりわけ民間設備投資に支えられました。こうした中で、1970年代初頭に発生した外生的なショックは、民間の投資意欲を減退させて経済成長を鈍化させる主要因となりました。

　1970年代以降の世界経済は、ニクソン・ショックに始まり、2度の石油危機、日米貿易摩擦、プラザ合意、ソビエト連邦の崩壊、欧州連合（EU）の成立、リーマン・ショックなど、停滞と発展を幾度もなく経験しました。程度の差こそあれ、日本経済の歴史は、これらの国際的な決定や条約、交渉、経済危機の影響を多分に受けた歴史といえます。半世紀にわたる日本経済の成長と停滞の歴史において、各時代をリードする成長産業も大きく移り変わりました。

　高度成長期においては、農林水産業以外の第二次・第三次産業が高い成長率を記録し、特に重化学工業の伸長が顕著でした。その後の安定成長期を見ると、石

▶第 7 章　日本経済と世界経済のこれまで

油危機によるエネルギー価格高騰の影響を受けて、鉄鋼や化学などに代表される資源・エネルギー多消費型産業の成長が鈍化した反面、電気機械や精密機械を典型とする加工組立型産業が成長しました。さらに安定成長期以降になると、サービス産業が製造業を上回る成長率を持続して日本経済の主役に躍り出ました。

本章では、主要な世界経済の流れと照らし合わせながら、わが国における高度成長から平成不況までのおよそ半世紀にわたる経済史の概要を述べていきます。

本章で学ぶこと

- 高度経済成長を支えた国際政治経済体制と成長戦略の動向を学びます。
- 石油危機後における世界経済の停滞と政策基調について学びます。
- 1990年代以降の世界経済の再編、バブル経済の崩壊とデフレ対策について学びます。

---

1. 高度成長期―経済大国への軌跡―

第 2 次世界大戦後の世界経済秩序は、主としてアメリカ合衆国の主導で自由主義[★1]による多角的な貿易システムを再構築することが目標とされました。1944年、ドルと各国の通貨の交換比率（為替相場）を一定に保つことで、自由貿易の発展と世界経済の安定を図る「ブレトン・ウッズ協定」が締結されました。こうして「**高度成長期**」と呼ばれる1955年から1973年までの間、日本は西欧先進諸国のGNP[★2]を次々と追い越していきました。1960年までは敗戦国である日本や西ドイツの貿易収支が安定し、為替管理が緩和されて「ブレトン・ウッズ体制」が緒に就きました。しかし、アメリカでのコントロールを外れたドルが大量に流通し、さらには中近東を中心とする産油国の余剰がドルで蓄積されたため、ドル残高が高まって大量のドルが世界中に溢れる状況となりました。

岸信介内閣を継いだ池田勇人内閣は、1960年12月に「**国民所得倍増計画**」を閣議決定し、1961年度からの10年間で国民所得を倍増させる目標を掲げました。1960年 1 月の「日本国とアメリカ合衆国との間の相互協力及び安全保障条約」締結など、高度に政治性のある国家行為を担った岸内閣から一転し、池田内閣は資本主義経済における経済政策を前面に押し出しました。そして、重要課題とされた技術進歩を推進しつつ旺盛な民間消費と投資を促進し、想定を上回る高度成長を実現しました。

技術革新については、海外で開発・実用化された産業技術を集中的に導入することで、戦時期に交流が断絶された欧米先進国との技術格差を埋めました。加え

★1　**自由主義**
個人の権利や自由を基本とし、国家の規制や干渉を排除して、社会のあらゆる領域において、個人の活動を重んじる思想的立場をいいます。序章で学んだ古典派経済学、重農主義から発して、自由放任主義に進みました。ロック、ルソー、アダム・スミスらがその代表です。

★2　**GNP**
一定期間（ 1 年間）に国民経済が生産した財貨・サービスを市場価格で評価した価値額から、その生産に要した原材料など中間生産物の価値額を控除した総額で、国民総生産（Gross National Product）といいます。1993（平成 5 ）年以降は、GNPから海外での純所得を差し引いた価値額である国内総生産（GDP：Gross Domestic Product）が、国内の景気をより正確に反映する経済指標として重視されています。

て、戦前および戦時中に軍需産業で培われた技術を民間部門で活用し、新しい技術を用いて工業製品の量産化を推進するとともに、品質の向上と低価格化という生産工程の**イノベーション**を目指しました。また、ハードウェアの技術だけでなく、職務分析や原価管理など経営管理を近代化させる知識や技法についても、アメリカを中心とする西欧先進国から積極的に輸入していきました。

産業政策については、成長が望まれる新興産業の保護育成政策と同時に、石炭産業などの停滞に直面した産業の近代化推進政策を立てました。設備投資にかかる低利融資、税制優遇措置、輸入規制などが行われましたが、個々の企業や業界団体の経営努力のみでは健全な経営を見込めない場合が少なくなく、こうした場合に備えて、補助金だけでなく不況カルテル★3の容認、合併・再編の促進など、行政の介入によるセーフティネットを提供しました。

また、工業部門における賃金の上昇は、労働者の所得増加に伴って個人消費を拡大させました。技術革新と**自由競争**によって耐久消費財の価格が低下していく中で、1950年代後半には「三種の神器」（冷蔵庫、洗濯機、白黒テレビ）に代表される家電製品が、一般家庭でも購入可能な価格帯に落ち着くようになりました。大都市への人口流入が耐久消費財を購入する世帯数の増加をもたらし、家計の貯蓄率の上昇が金融機関を通じて企業の設備投資を促しました。また、大衆消費社会とライフスタイルの変化が商業の発展を促し、経済成長の果実としての国民所得の上昇が国民の教育機会の均等化を図るとともに、高等教育の普及と大学進学率の上昇につながりました。1960年代後半になると、農村から都市への人口移動は緩やかとなり、それまでの製造業に代わって商業・サービス業、建設業などが日本経済の中心的な担い手となりました。相対的に円の重要性が上昇した時代背景も日本の経済成長を後押しし、早くも1968年には西ドイツのGNPを抜き去り、日本はアメリカに次ぐ世界第2位の経済大国の地位に上り詰めました。

こうして日本経済が躍進を遂げた反面では、**外部不経済**（負の外部性）の経験がその理論体系の中に織り込まれ、環境負荷や住民および地域社会の公害被害がコストとして認識された時代でもありました。1956年に熊本県水俣市で発見された「水俣病」など、**公害**に対する国民の危機意識は高まり、立法と行政のレベルでは従来以上に厳しい規制の網がかけられました。これを契機として関係法令の整備が進み、企業も自発的な公害対策や被害補償を示す必要に迫られ、省エネルギー化やクリーンエネルギーの開発が注目を集めるようになりました。

2．安定成長期—世界経済の停滞とアジアの発展—

高度経済成長後の日本経済は、1970年代前半に大きな転換点を迎えました。1971年8月、アメリカのリチャード・ニクソン大統領が米ドル紙幣と金との

★3　不況カルテル
不況のため、商品価格が平均生産費を下回り、その業種の企業経営が困難になるなどの特定の事態が生じた場合、それを乗り切るための必要な限度で公正取引委員会に認可される共同行為をいいます。生産量、販売量、設備の制限を実施し、それでも効果がない場合は価格制限に至ります。ただし、1999（平成11）年の独占禁止法の改正によって禁止されました。

兌換★4一時停止を宣言し、ブレトン・ウッズ体制の終結を告げて**変動為替相場制**へ移行しました。それまでは金と交換できる唯一の通貨がドルであり、圧倒的な経済力を背景とするドルは、基軸通貨としてIMF（国際通貨基金）と世界銀行を支える体制を維持し、戦後における西側諸国★5の経済復興を担っていました。こうした中で、ベトナム戦争による財政悪化、日本や西ドイツの生産力向上などの影響で、金交換に応じられないほど金保有量が減少しました。また、アメリカ議会や諸外国に事前通知のない電撃的な発表であったため、世界経済に計り知れない衝撃を与えることとなりました（**ニクソン・ショック**）。

その後、1973年10月には第四次中東戦争が勃発し、石油輸出国機構（OPEC）加盟産油国の6か国が原油公示価格を引き上げ、アラブ石油輸出国機構（OAPEC）が原油生産の段階的削減（石油戦略）を決定しました（**第１次石油危機**）。こうしてわが国の1974年の経済成長率は戦後初となるマイナス成長に落ち込み、日本企業が設備投資を控える傾向が続きました（図７−１）。これら２つの海外発の危機でエネルギー価格と賃金が上昇したことで、鉄鋼、造船、石油化学といった高度成長を牽引した産業が競争力を失い、自動車、エレクトロニクスなどの加工組立型産業が従来の産業に代替するようになりました。特に自動車産業が海外市場でシェアを伸ばし、わが国の経済成長パターンは設備投資主導型から輸出主導型に切り替わっていきました。

従来、不況の際には企業業績の悪化で失業が増加する一方で、物価は下落、安定してデフレーション（デフレ）に移行すると考えられていたため、第１次石油危機以降は、世界各国で不況と物価上昇が並行して持続する経済状態（**スタグフ**

★4　兌換
銀行券や政府紙幣を正貨と引き換えることをいいます。

★5
アメリカ、カナダおよびイギリス、フランス、ドイツ、イタリアなどのヨーロッパの資本主義国をいいます。

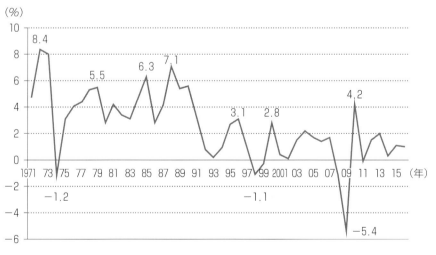

図７−１　日本の経済成長率の推移

注：2010年価格を基準とする実質GDPによる値。
出典：National Accounts Main Aggregates Database

レーション）が課題となりました。あらゆる工業国でコストプッシュ・インフレーション★6が発生し、高い原油価格が企業業績を悪化させ、高騰した生産コストが商品単価に反映されました。ケインズ主義的な財政政策では十分な乗数効果が得られず、単に財政赤字を膨張させるだけのケースが世界中で散見されました。ほどなく、1979年のイラン革命によって、石油生産が中断したことで第2次石油危機が発生しました。この石油危機は第1次よりも甚大な影響を世界に与えましたが、迅速なインフレーション（インフレ）対策、労使協調による賃上げの抑制、省エネルギー化の進展などが奏功し、わが国の物価上昇は小幅となって比較的短期間のうちに危機を乗り越えることができました。最も有効な経済立て直しの鍵として求められた施策は、時々の条件や需要に柔軟かつ迅速に対応していくことであり、重厚長大産業から軽薄短小産業が主導する日本経済への転換でした。

> ★6 コストプッシュ・インフレーション
> 賃金や原材料価格など生産費の上昇が生産性向上を上回り、それが製品価格に転嫁される結果として発生するインフレーションのことをいいます。

その後のアメリカ市場では、ガソリン価格の上昇によって低燃費の小型車への需要が高まり、日本車の市場シェアが急速に拡大しました。こうして、日本経済の停滞とは対照的に、日本の自動車生産台数は順調に増加し、1970年代末には世界最大の自動車大国であるアメリカと拮抗する水準まで躍進を遂げることとなりました。また、アジアでは**新興工業経済地域**（NIES）が1980年代以降に目覚ましい経済成長を遂げ、1979年から改革開放路線に転じた中国とともに順調に外貨準備★7を拡張し、元来は政治的な同盟であった東南アジア諸国連合（ASEAN）が成長の軌跡をたどりました。アジア地域の好景気と相まって、多くの日本企業が安価な労働力と原材料を求めてアジア各国に生産拠点を置き、特に1980年代後半から海外での経済活動のウエートが高まりました。

> ★7 外貨準備
> 外国への支払いに充当するために、政府と中央銀行の保有する金および外貨資産から、流動性の乏しい資産を差し引いた資産の総額をいいます。

1980年代におけるアジアの好景気とは対称的に、西欧諸国には厳しい不況の風が吹きました。とりわけ、イギリスでは工業生産と輸出力の減退、慢性的なインフレ、国際収支の赤字が重なる「イギリス病」と呼称される停滞現象に見舞われました。こうした中で1979年に成立したサッチャー政権は、金融の引き締めを行ってインフレーションを抑制し、財政再建のための政府支出の切り詰め、国有企業の民営化、金融・証券改革、市場機能の回復のための大胆な規制緩和、賃金の硬直性の打開のための労働組合の制限などを断行しました。さらに、自己責任意識を育てるために社会給付を縮小し、民間の活力を引き出して経済社会の発展を目指す「**小さな政府**」を目標としました。同時期のアメリカもレーガン政権のもとでケインズ主義による政府介入と決別し、規制緩和と市場原理による自由競争、自由貿易を徹底する経済政策を行いました。そしてこれらの政策基調は、イギリスの「**サッチャリズム**」に対して「**レーガノミクス**」と呼ばれました。

3．バブルの崩壊と失われた20年

　1980年代後半から1990年代にかけての日本経済は、バブル経済の発生と崩壊が最も象徴的な出来事です。1970年代に2度の石油危機と景気停滞下における物価上昇を乗り越えた日本経済は、1986年から51か月にわたり、「いざなぎ景気」に次ぐ戦後2番目の活況を呈しました。資産価格が投機によって実体経済から大幅にかけ離れて高騰したこの期間は、「**バブル経済期**」と呼ばれます。

　すでに1970年代後半から「**貿易摩擦**」が日米間の重大な外交問題に発展しており、1980年代に入ると自動車や半導体などの対米輸出規制にかかる経済交渉の対象となる製品の範囲が徐々に拡大していきました。自動車を中心とする輸出産業は、労働力や原材料が安価な海外生産を進めましたが、経常収支の不均衡は一向に改善されませんでした。こうしてアメリカは、日本市場にさまざまな輸入障壁があることを問題視し、牛肉やオレンジなどの農畜産品や自動車部品を中心とする市場開放を強く要求するようになりました。

　1985年9月には為替レート安定化（ドル高の是正）とマクロ経済政策の国際協調に関する「**プラザ合意**」が成立し、貿易不均衡の解消が図られました。こうして為替相場が急激に円高に動き出して景気後退局面を迎えた一方で、当時の中曽根康弘内閣総理大臣の私的諮問機関が、経常収支不均衡の改善と国民生活の質的向上のために、内需拡大、市場開放、金融自由化を解決策の柱とする報告書（前川レポート）を1986年4月に発表しました。とりわけこのレポートは、輸出型から国際協調型への構造転換の必要性を挙げ、内需を刺激するための財政金融政策、規制緩和を促進する必要性を提起しました。

　こうした中で、日本銀行は、予想を超えて進行する円高を食い止めるために、1986年1月に**公定歩合**[★8]を5.0%から4.5%に引き下げる金利政策とともに、段階的なマネーサプライ[★9]の増加による金融緩和政策を実施し、1987年2月には戦後最低となる2.5%まで金利を引き下げました。並行的に、政府は1987年5月に総事業費6兆円、減税1兆円の大型の緊急経済対策を決定しましたが、1989年5月になると、日本銀行はそれまでの金融緩和政策を変更し、その後は金利を徐々に引き上げていきました。金融引き締めを継続する強い意図が周知されることで、将来における株価上昇への期待は急速に薄れていき、こうして1985年に1万2,000円程度であった日経平均株価は、1989年の大納会で3万8,915円の史上最高値を更新したものの、1990年の年初から下落に転じ、1992年8月には終値が1万5,000円台を下回るまでになりました（図7-2）。

　ここで海外に目を向けると、特に東欧諸国では**社会主義経済**における生産停滞がより一層と深刻化していました。ソビエト連邦（以下、ソ連）は軍事・宇宙開発の部門ではアメリカに対等する技術力を持ちながら、国内では慢性的な物不足

> ★8　公定歩合
> 中央銀行（日本の場合は日本銀行）が市中の金融機関に対して貸し出しを行う際に適用する基準金利のことをいいます。

> ★9　マネーサプライ
> 金融機関と中央政府以外の一般企業、個人、地方公共団体などが保有する現金通貨、預金通貨、定期性預金など、準貨幣の総供給量をいいます。2008（平成20）年5月より「マネーストック」へ名称が変更しました。第10章 p.129も参照。

図7-2　日経平均株価の推移

注：月次データを基に図示。
出典：日本経済新聞指数公式サイト「日経平均プロフィル」を基に作成

に見舞われ、ソ連製品の低品質と低機能が火を見るよりも明らかとなりました。社会主義体制は階級社会の否定をその理念の中枢に据えながら、計画経済[★10]のほつれによって分配の乱れや不均衡が著しく、政治的な地位に基づく格差社会を生み出しました。権限の濫用による受益の乖離が年々拡大し、不満を抑えて体制を維持するために、言論統制やイデオロギー教育を徹底させるという暗雲が垂れ込めました。こうした中で共産党書記長に就任したゴルバチョフは、**ペレストロイカ**（改革）と**グラスノスチ**（情報公開）を掲げ、国内経済の再建と民主化に向けた大胆な政治改革を打ち出しました。その後、民主化要求の高まりを受けて1991年に共産党の活動が停止し、ソ連が崩壊して自治共和国を基本単位とする独立国家共同体に転換するとともに冷戦が終結しました。

他方、ヨーロッパでは、古くからリヒャルト・クーデンホーフ＝カレルギーらの紳士クラブのメンバーが唱えた国際汎ヨーロッパ連合や、ウィンストン・チャーチルが唱えたヨーロッパ合衆国構想など、反共主義の立場からヨーロッパを統合する試みが見られました。1952年に欧州石炭鉄鋼共同体（ECSC）、1958年に欧州経済共同体（EEC）と欧州原子力共同体（Euratom）が創設され、1967年に上記3機関が結合することで欧州諸共同体（EC）が誕生し、その後は加盟国が徐々に増加していきました。また、共産主義体制の崩壊によって東ヨーロッパ諸国が自由主義、資本主義をとる西側諸国につくことが想定され、政治の領域においても国家間の障壁を除去することが求められました。そして、1993年のマーストリ

★10　計画経済
中央集権的な政治体制のもと、労働以外の資源を政府が所有し、政府の策定した計画に従って資源配分を行う経済体制をいいます。旧ソ連などの社会主義国に見られます。対立概念は市場経済です。

ヒト条約の発効によって**欧州連合**（EU）が発足し、1999年には市民権や個人の権利をより尊重して安全保障、司法政策にもふれたアムステルダム条約の発効に至りました。その後、欧州中央銀行のもとで2002年に単一通貨の**ユーロ**に移行しました。

また、中国経済については、鄧小平が1989年の天安門事件の後に発生した中国共産党内の路線対立を収束し、改革・開放政策の推進に決定的な指導力を発揮しました。そして、1992年の党全国代表大会の場で、**社会主義市場経済**の構築による市場改革を推進する方向性を示しました。翌年の1993年には経済成長とインフレが進み出し、外資系資本の投資と事業展開によって中国経済は成長の軌道に乗りました。中国政府は市場指向型の経済制度の構築を志向しながら、中央による金融システムのコントロール強化や国有企業による主要産業の支配を推し進めていきました。1990年代後半になると、アジア通貨危機の影響で経済成長は鈍化しましたが、21世紀に入ると経済成長はさらに加速化し、西欧先進国のGDPを矢継ぎ早に追い抜いていくこととなりました（図7－3）。

国内に視点を戻すと、バブルの崩壊後、いかにして多額の**不良債権**[11]を抱えた金融機関の経営を健全化していくかに、日本経済再生に向けた最大の焦点が置かれました。1990年代末には物価下落と利益減少が繰り返されるデフレスパイラルが懸念されるようになり、日本経済の「失われた10年」と呼ばれました。1999年にはアメリカのITバブルに支えられて景気回復の兆しが見られましたが、デフレから脱却できない状況は依然として続きました。ようやく、2001年4月に発足した小泉純一郎内閣のもとで不良債権処理が本格的に進み、2002年から長期の景気拡大を経験しました。しかし、アメリカの投資銀行、リーマン・ブラザーズ・ホールディングスが2008年9月15日に経営破綻したことに端を発する世界金融危機、「**リーマン・ショック**」を受けて、同月12日に1万2,214円の終値だった日経平均株価は、同年10月28日に6,000円台まで大暴落し、1982年10月以来となる26年ぶりの最安値を記録しました。2009年の経済成長率はマイナス5.4％を記録してマイナス幅が拡大し（図7－1）、日本経済は再び失速して「失われた20年」と呼び換えられるようになりました。

2009年9月、15年ぶりに自由民主党から政権交代した民主党政権は、リーマン・ショックの影響で2004年以来のデフレに移行したことを宣言しましたが、有効な経済政策を講じることはできませんでした。さらに、2011年3月の「東日本大震災」の地震動と津波で多くの人命が失われ、同年7月の政府の復興基本方針では、10年間で総額23兆円程度の復旧・復興費用を要することが明記されました。こうした状況下で2012年12月に発足した第2次安倍晋三内閣は、物価安定目標を2％に定めたインフレターゲットを導入して「**アベノミクス**」を打ち出し、2018年1月には実に26年ぶりとなる日経平均株価2万4,000円台を回復しました。大胆な

★11 不良債権
銀行などの金融機関が融資した貸付金のうち、企業の経営破綻、経営困難などで回収が懸念される債権をいいます。

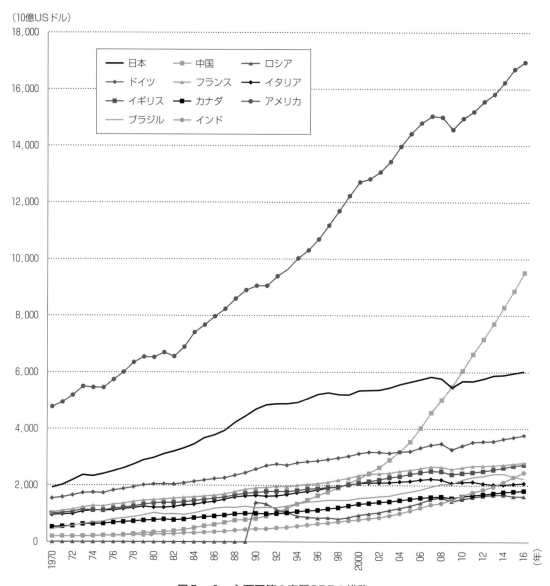

図7−3　主要国等の実質GDPの推移

注：2010年価格を基準とする実質GDPの推移。
出典：National Accounts Main Aggregates Database

　　金融政策、機動的な財政政策、民間投資を喚起する成長戦略という「三本の矢」からなる経済政策によって、政府と日本銀行が一体となってデフレマインドからの脱却を進めることとしています。

COLUMN　エコノミーとエコロジー

　1972年、マサチューセッツ工科大学のデニス・メドウズらに委託してローマクラブ★12が上梓した『成長の限界』は、とても有名です。地球資源の有限性に着目し、古典派経済学者、トマス・ロバート・マルサスの『人口論』から「人は幾何学級数的に増加するが、食料は算術級数的にしか増加しない」という有名な一文を引用。「人口増加や環境汚染などの現在の傾向が続けば、100年以内に地球上の成長は限界に達する」と警鐘を鳴らしました。公害を例に外部不経済が地域性の高い問題であり、生活者にとっても身近に迫り来るものであることを指摘しましたが、世界経済の発展につれてますます注目される課題となるのではないでしょうか。

　わが国では、地域社会や生活圏、自然生態系の存在を視野に入れて経済を考える重要性をいち早く説いた経済学者として、玉野井芳郎が知られています。カール・ポランニーやイヴァン・イリイチを日本に紹介した理論経済学者として活躍するとともに、マルサスの『価値尺度論』や『経済学における諸定義』の翻訳も手がけました。「地域主義」の議論の出発点は、従来型の巨大科学技術や大量生産様式の発展が、生態系や生物多様性に少なからずの環境負荷を与えているという現状認識でした。その特筆に値する視点は、恒久的な資本主義と経済成長のために、環境問題が拡大し続けることに対して深刻な危機意識を述べたという一点に尽きます。

　こうして、「開かれた地域共同体」をベースに、住民の自発性と実行力を発揮させることで地域の個性を生かし、誇り高い産業と文化を内発的に創造していくことを訴えました。これらの問題意識から、「一定地域の住民＝生活者がその風土的個性を背景に、その地域の共同体に対して一体感をもち、経済的自立性をふまえて、自らの政治的・行政的自律性と文化的独自性を追求する」¹⁾という内発的地域主義の提唱に至りました。経済活動の基底には生態系と「土地と水」が存在し、これらが「人間と人間の社会関係」「人間と自然との本質的な関係」を媒介する社会的基層となり、人間の生命維持に不可欠な要素となることに論及しました。

　その議論の核心は、いかにして経済成長を持続させればよいかという点にあります。その源泉は地球上の資源に求められるため、少なからず足下を省みなければ、経済成長の停止どころか文明崩壊すら懸念されるという新たな時代の到来を見通していました。日本と世界の経済史は経済成長の歴史ですが、これからも経済成長とそれをつくり出す多様な生命を守っていくためには、限りある地球資源、動植物、水や土を保全管理、再利用する施策や活動がこれまで以上に必要になるでしょう。

★12　ローマクラブ
1968年にイタリアのローマで初会合が開かれ、1970年にイタリアの実業家、アウレリオ・ペッチェイによって創設された国際的民間組織です。世界規模の諸問題が深刻化する中、それらの脅威に対する人類の回避策を模索しました。スイスのヴィンタートゥールに本部を置いています。

第 7 章の練習問題

1. 1944年7月にアメリカ合衆国で締結された協定に基づき、米ドルと金との交換比率を固定（1オンス35USドル）したうえで、ドルと各国の通貨の交換比率も固定（固定相場制）し、自由貿易を発展させて世界経済の安定化を図った体制名を答えなさい。

2. 1971年8月15日に、アメリカ合衆国のリチャード・ニクソン大統領が米ドル紙幣と金との兌換一時停止を電撃的に宣言し、世界経済に計り知れない衝撃を与えた出来事を答えなさい。

3. stagnation（停滞）とinflation（インフレーション）の合成語で、経済活動の停滞（不況）と物価の持続的な上昇が併存する現象を何というか。

4. 政府・行政による経済・社会政策の規模を縮小して、市場への介入を最小限にし、市場原理に基づく自由な競争によって経済成長を促進させようとする思想または政策を何というか。

5. 1993年のマーストリヒト条約の発効によって設立されたヨーロッパの地域統合体を何というか。

第8章 GDPとその他の経済指標

本章に関連する一枚

経済を測る指標にはさまざまなものがあります

　皆さんは「GDP」、すなわち「国内総生産」を高校の授業で学んだり、新聞やニュースなどで見たり聞いたりしたことがありますか？　経済学の用語の中でもGDPは特に有名な用語で、一般的に社会ではよく使われる言葉です。

　では、なぜGDPはこのように有名な経済用語で、ニュースなどでも話題になるのでしょうか。その答えは、GDPが最も役に立つ経済指標（統計データ）だからです。この章でGDPを学んでいくうちに、なぜGDPが最も役に立つ経済指標なのかが理解できるでしょう。本章ではGDPとは何か、GDPの計算方法、GDPの国際比較などGDPについて解説しています。また、GDP以外の経済指標についても学んでいきます。

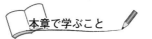

・GDPとは何かを理解します。
・GDPを算出する上での付加価値の考え方を学びます。
・GDPを三つの側面から見ること（三面等価）を学びます。
・GDPを用いて諸外国との経済規模や景気動向の比較をします。
・GDP以外のさまざまなマクロ経済指標・指数を学びます。

1. GDPとは何か

● GDPで何が分かるのか

　GDPはGross Domestic Productの頭文字をとった略称で、日本語では「国内総生産」といいます。国内で一定期間内（通常は1年間）に新しく生産された財・サービスの**「付加価値」**の総計がGDPです。GDPの「付加価値」とは、生産者・企業などで新たに生産された価値のことで、財・サービスの生産額から原材料費（中間投入物の額）などを差し引いたもので算出します。

　GDPは国の「経済規模」や「景気動向」を表す「指標」（データ）で、経済指標の中で最も有名で有用（役に立つ）指標です。国民一人当たりのGDPが大きい国は、小さな国に比べて生活水準が高いことから、豊かさを表す一つの指標になります。しかし、GDPで測れない生活の豊かさがあることも忘れてはいけません。

● GDPはフローの概念

　序章でも学びましたが、経済学の概念として「フロー」と「ストック」があります。「フロー」は「流れ」を意味し、「一定期間」に行われた経済活動の「流れ＝変化」を表します。それに対して、「ストック」は「貯蔵」を意味し、過去の経済活動の結果、蓄積（貯蔵）された生産物（資産や資本）をある「一時点」で表したものになります。GDPは1年間という一定期間に生産され、流通した財・サービスの量（金額）を算出したものなので、フロー型の経済指標だといえます。

　日本は高度成長時代にGDPが毎年10％以上も大きくなり、現在、GDPが世界第3位の経済大国になっています。しかし、欧米に比較して住宅事情が良くなかったり、公園や公共施設などが少ないなど、ストック（資産）を見ると、まだまだ遅れています。経済発展のためにはフロー型経済ももちろん大切ですが、「豊かさ」という点からはストック型経済も重視する必要があります。

● 名目GDPと実質GDP

GDPには「名目GDP」と「実質GDP」の2種類があります。「名目GDP」は、市場価格をそのまま計算したGDPの額を表し、「実質GDP」は物価変動分を調整したGDPの額を表しています。

例えば、お米を生産している農家（単純化したモデルでお米を生産するための費用などは考えない）が表8－1のようにお米を生産したとします。

表8－1　お米の生産量と付加価値

年	生産量	1トン当たりの価格	付加価値
2016	5トン	20万円	100万円
2017	3トン	40万円	120万円

表の通り、この農家が2016年に生産したお米の付加価値（名目GDP）は、5トン×20万円＝100万円になり、2017年は3トン×40万円＝120万円になります。お米の生産は5トンから3トンに減少しているのにもかかわらず、お米の価格が上昇すると付加価値も上昇することが分かります（この例では1.2倍）。しかしこの場合、この農家の生産活動を正確に表しているとはいえません。そこで、ここでは2016年の価格を基準として2017年の付加価値を計算します。すると、3トン×20万円＝60万円となります。この60万円が実質GDPになります。

上記の例より、財・サービスの価格である物価の変動がGDPの経年比較に影響を与えることと、名目GDPと実質GDPの違いについてが理解できたでしょう。「名目GDP」は、インフレ・デフレによる物価変動の影響を受けるため、名目GDPが増えても、実質GDPが増えなければ、経済活動が大きくなったとはいえません。そのため、「経済成長率」を見るときは、物価変動の要因を取り除いた「実質GDP」で見ます。

実質GDPは、以下のように求めます。

$$実質GDP＝名目GDP／物価水準$$

● GDPデフレーター（GDP Deflator）

名目GDPと実質GDPを用いて物価水準[★1]を数値化するのがGDPデフレーターです。GDPデフレーターは100を基準として、100以上であれば物価が上昇していることを表し、100以下であれば物価が下落しているということを表します。

GDPデフレーターは、以下のように求められます。

$$GDPデフレーター＝（名目GDP÷実質GDP）×100$$

> ★1　物価水準
> 物価水準とは、一国全体の財・サービスの価格の平均値です。なお、同じような用語として物価指数がありますが、物価指数は、例えば基準になる物価を100として、その時点と比べてどの程度上がったり下がったりしたかを数字で表したものです。消費者物価指数などがあります。

● GDPとGNP

　GDPは**国内**総生産ですから、日本国内の日本企業・日本人や外国企業・外国人が生産した財・サービスの付加価値の総計になります。そのため、外国人アーティストの日本公演の売り上げや日本で活躍する外国人スポーツ選手の年棒も含まれます。一方で、GDPは日本企業や日本人が**海外**で生産した財・サービスの付加価値は含まれません。

　現在は多国籍企業などが増えたことなどに伴い、国内の経済規模をより正確に反映する指標としてGDPが用いられるようになりましたが、1992年までは、国の経済規模を表す指標としてGDPではなくGNPが用いられていました。GNPはGross National Productの頭文字をとった略称で、日本語では「国民総生産」といいます。GNPは日本国内で日本企業・日本人が生産した財・サービスと海外で日本企業・日本人が生産した財・サービスなどを含みます。そのため、アメリカで活躍する日本人メジャーリーガーの年棒なども含まれます。

2．GDPの算出

● GDPの算出方法の理解

　コンビニエンスストア（コンビニ）に1つ200円で売られているおにぎりの「付加価値」を例に挙げて、GDPの算出方法を単純化したモデルで考えてみましょう。

①**農家**が生産したおにぎり1つに必要な**お米が100円**だとします。
②**ごはん工場**が100円のお米を原材料として、140円のごはんを生産したときの付加価値は以下のように計算できます。

　　140円（ごはん）－100円（お米）＝40円（ごはん工場の付加価値）

③**コンビニ業者**がごはん工場の140円のごはんを原材料として、200円のおにぎりを生産した時の付加価値は以下のように計算できます。

　　200円（おにぎり）－140円（ごはん）＝60円（コンビニ業者の付加価値）

　以上のように、新たに生産されたコンビニの200円おにぎりの付加価値は、

　　お米100円（農家の付加価値額）＋40円（ごはん工場の付加価値額）＋60円（コンビニ業者の付加価値額）＝200円

になります。

新たに生産された付加価値の合計額は、最終生産物（コンビニのおにぎり）の価格200円と一致します。このように、国内の財・サービスの付加価値を足し合わせて総額を求めると、理論的にはGDPになります。

このようにして求められたGDPは、分かりやすく先のモデルを使うと、基本的に農家や工場の労働者、コンビニ店員などへの**労働の報酬**、工場やコンビニを運営する**企業の利益**、**政府への税金**などに「分配」されます。

3. 三面等価

● 生産面のGDP・分配面のGDP・支出面のGDP

先ほど述べたように国内の付加価値総額、すなわちGDPは、労働の報酬（家計）＋企業の利益（企業）＋政府への税金（政府）などに「分配」されますので、「**生産面のGDP＝分配面のGDP**」という関係になります。

> 分配面のGDP＝労働の報酬（家計）＋企業の利益（企業）＋政府への税金（政府）

一方、分配されたGDPは、必ず何らかの形で支出されます。家計は消費として支出し、企業は投資として支出します。そして、政府は公共事業や社会保障などの政府支出をします。さらに、企業などは海外市場との取引（輸出－輸入）を行います。このように「**分配面のGDP＝支出面のGDP**」になります。

> 支出面のGDP＝消費（家計）＋投資（企業）＋政府支出（政府）＋（輸出－輸入）

「生産面のGDP＝分配面のGDP」と「分配面のGDP＝支出面のGDP」から「**GDPの生産＝分配＝支出**」が成り立ちます。これを「三面等価」といいます。

注意すべき点は、生産したものはすべて支出される（つまり買われる）わけではありません。売れ残って「在庫」になることもあります。そこで「在庫品」を支出面のGDPに含めて、生産面のGDPと等しくしています。上記の式では簡略化するために「在庫品」については示していませんが、読者の皆さんが応用学習の段階に進まれましたらより詳しく学習することになります。

● GDPの構成要素

GDPの「生産＝分配＝支出」の三面等価から、GDPは3通りの測り方があります。ただし、同じものを別々の角度から見ているだけですから、いずれの測り方によっても金額は等しくなります。

GDPは生産面からよりも支出面からの方が把握しやすいことから、内閣府は速報性が求められる四半期ごとのGDPを支出面から捉えた数値として発表しています。

支出面から見たGDP＝産出量（Yield）をもう少し具体的に見てみると、個人消費（Consumption）、民間住宅投資や企業の設備投資などの民間投資（Investment）、公共事業などの政府支出（Government Expenditure）、輸出額から輸入額を差し引いた純輸出（輸出：Export－輸入：Import）の４項目に大別でき、以下のように表されます。それぞれ家計、企業、政府、外国という４つの主体が期間内に日本国内の生産物に対していくらお金を使ったかを表しています。

$$Y = C + I + G + (EX - IM)$$

2017（平成29）年の日本の名目GDP548.7兆円の構成比は、消費が55％、投資が約19％、政府支出が約25％、輸出－輸入が約１％の割合になっています。式で表すと以下のようになります。

$$Y = C 約55\% + I 約19\% + G 約25\% + (EX - IM) 約1\% = 100\%$$

GDPの構成要素の中で**消費が**50％を超えて割合が**一番大きい**ことが分かると思います。第９章に出てきますが、景気を良くするためには、消費（財・サービスを購入する）を増やすことが重要になります。

4．GDPの統計

● 日本のGDPの集計

実際に、日本国内で産み出されている付加価値、すなわちGDPはいくらぐらいなのでしょうか。GDPは、SNA（System of National Account：国民経済計算）と呼ばれる国際的に統一された基準で集計されていますので、国際比較も容易です。また、新聞やテレビで報道されるほか、ウェブサイトでもデータが公表されています。GDPの伸びで日本経済がどれだけ成長しているのか、簡単に把握することができるので、GDP統計は注目度の高い統計です。

日本では内閣府の経済社会総合研究所が四半期（３か月）ごとに速報値（１次速報）と、設備投資や在庫投資を反映した改定値（２次速報）を発表しています。そして、より精度の高い第１次年次推計を翌年12月ごろに公表しています。2017（平成29）年度の日本の名目GDPは548.7兆円、実質GDPは533.0兆円（2011［平成23］年度基準）です（表８－２）。

なお、日本のGDP統計は、産業構造の変化に対応し、景気動向をより正確に把握できるように約５年に１度、計算基準を大幅に改定（基準改定）しています。

表8-2　名目GDPと実質GDPの推移

(単位：10億円)

年度	名目GDP	実質GDP
2000（平成12）	528,512.70	464,239.80
2001（同 13）	519,073.50	461,642.40
2002（同 14）	514,764.40	465,762.70
2003（同 15）	517,930.60	475,119.30
2004（同 16）	521,180.20	482,802.90
2005（同 17）	525,692.20	492,571.10
2006（同 18）	529,076.60	499,473.90
2007（同 19）	530,997.30	505,496.40
2008（同 20）	509,465.80	488,067.80
2009（同 21）	492,070.40	477,533.20
2010（同 22）	499,281.00	492,892.10
2011（同 23）	494,017.20	495,242.80
2012（同 24）	494,478.00	499,434.10
2013（同 25）	507,246.00	512,522.50
2014（同 26）	518,468.50	510,962.00
2015（同 27）	533,897.30	518,320.50
2016（同 28）	539,351.10	524,442.60
2017（同 29）	548,696.10	533,013.20

注：実質GDPは2011（平成23）年度基準

● GDPの国際比較

　2016（平成28）年の名目GDPの世界ランキングは、1位がアメリカ、2位が中国、3位が日本です（表8-3）。日本は、長年アメリカに次いで世界第2位でしたが、中国の経済発展に伴い、2010（平成22）年に3位に後退しました。一方でインドやブラジルが経済的躍進を遂げています。日本は少子高齢化が進展するため、中長期的にはGDPがこれから大きく伸びることは期待できそうにありません。

　GDPはその国の人口が多ければ当然大きくなります。そのため、人口による違いを除き、その国の国民一人当たりの経済活動が活発かどうか、いわゆる生産性を測る指標として、一人当たりの名目GDPの統計もあります。

　一人当たりの名目GDPは統計数値がある国だけですが、表8-3を見ると、名目GDPのランキングとは大きく異なっていることが分かります。日本の名目GDPは3位でも一人当たりの名目GDPは18位に落ち込んでしまいます。ただし、このランキングは貧富の差などは表していません。

表8-3 2016年の主要国の名目GDPと一人当たりの名目GDPランキング

	名目GDP（10億ドル）	一人当たりの名目GDP（ドル）
アメリカ	1位　18,624.5	6位　57,591
中国	2位　11,199.2	一位　8,124
日本	3位　4,947.4	18位　38,968
ドイツ	4位　3,477.8	14位　42,160
イギリス	5位　2,647.9	16位　40,335
フランス	6位　2,465.5	20位　36,876
インド	7位　2,263.5	一位　1,709
イタリア	8位　1,850.0	21位　30,661
ブラジル	9位　1,796.2	一位　8,650
カナダ	10位　1,535.8	13位　42,323

注：一人当たりの名目GDPの順位はOECD加盟国の中での順位。
出典：内閣府「平成28年度国民経済計算年次推計　GDPの国際比較」を一部改変

● 一人当たりのGNIランキング

ここで、GDPと同様の経済指標であるGNIについても学びましょう。GNIはGross National Incomeの頭文字をとった略称で、日本語では「国民総所得」といいます。GNIは1年間に日本人や日本企業が国内外で得た所得の総額です。GNIは所得に着目した統計ですが、三面等価からGNPと等しくなります。現在では、GNPの概念はなくなり、GNIの概念が用いられています。

GNIは、働いている人の賃金だけでなく、企業の所得なども含む考え方なので、国民の購買力や貧困の程度を測るのにはGNIの方がGDPより優れています。一人当たりのGNIのランキングが高い国は、アメリカ・オーストラリアを除き、相対的に人口が少ない国と北欧諸国です（表8-4）。

日本では、安倍政権が最も重要な経済指標として、「一人当たりの国民総所得」＝「一人当たりのGNI」を使った経済政策の提言を行うようになりました。

表8-4　一人当たりのGNIランキング

順位	国名
1	ノルウェー
2	スイス
3	ルクセンブルク
4	アイスランド
5	デンマーク
6	アメリカ
7	スウェーデン
8	オーストラリア
9	シンガポール
10	アイルランド
22	日本

注：ランキングは出典にデータが掲載されている国のみによるもの。
出典：The World Bank - World Development Indicators database - GNI, Atlas method 2016（世界銀行「世界開発指標」GNI アトラスメソッド（2016年））

5．GDPの限界

● GDPの集計に含まれないもの

GDPは国内で生産された財・サービスの付加価値の集計ですが、集計されるのは金銭に換算されるものだけで、市場で取引されないものは市場価格がないためGDPには含まれません。

例えば、家庭内での家事や育児、ボランティア活動のような無償の行為は、GDPには含まれません。公害に代表されるようなマイナスの経済活動もGDPには含まれません。GDPは**新たに**生産された財・サービスの付加価値の集計であることから、中古品や中古車の販売などは売買によって生じた利益等が計上されるのみです。総額としてのGDPが増加しても、増加した資源の分配の仕方が偏っている状況、いわゆる貧富の差や格差も問題で、国全体のGDPが増加しても豊かな社会になったとはいえません。しかし、それでもなおGDPは豊かさを測るのには有効な指標です。国の経済が成長すれば、私たち国民の生活も物質的に充実するのが一般的だからです。

● 豊かさを表す指標

先に述べたように「貧富の差」の問題もあるため、GDPが増えても豊かだとは限りません。GDPが測れるものの限界もあります。公害も測れないものの一つです。GDPが増えても環境破壊や公害がひどくなる社会はどうでしょうか。豊かな社会でしょうか。1993年に国連が「グリーンGDP」という環境を考慮した経済発展の概念を提唱しましたが、実際には環境保全や環境破壊を数値化することが難しく試算の段階となっています。

ブータン政府が提唱している「GDH（Gross Domestic Happiness）：国民総幸福量）」もありますが、国連の世界幸福度ランキングとは幸福の基準が異なります。豊かさや幸福は多分に主観的なもので、それぞれ価値観も異なるため、数値化し指標とするのはまだまだ難しいようです。

6．さまざまな経済指標

経済指標は数値で具体的な経済の動きを示しています。そして、経済の重要な情報を提供してくれます。

● 経済成長率

景気を見る指標の一つに**経済成長率**があります。経済成長率とはGDPの伸び率のことです。一般的に実質GDPの伸び率である**実質経済成長率**を用います。

GDPにこれほど多くの人が関心を寄せるのは、景気の良し悪しが経済成長率で分かるからです。経済成長率が高ければ、それだけその国の経済活動が活発で、企業の収益や人々の所得も伸び、景気が良い状態と判断できます。逆に経済成長率が伸び悩むかマイナスとなっていれば、景気は減速していることを表します。

経済規模が小さくて急激に経済が成長するときには、経済成長率は非常に高くなります。しかし、日本のように経済が成熟してGDPがある程度大きくなってからは、経済成長率は徐々に低下していきます。

● 景気動向指数

景気動向指数は、景気に敏感に反応する指標の動きを統合することによって、景気の現状把握や将来予測に利用するために作成された指標です。

景気動向指数には、景気に対して先行して動く先行指数、ほぼ一致して動く一致指数、遅れて動く遅行指数の３つの指数があります。先行指数は景気の動きを予測する目的で用い、一般指数は景気の現状把握に用い、遅行指数は事後的な確認に用います。

● 日銀短観

正式名称は全国企業短期経済観測調査です。日銀が年４回、主要上場企業と中小企業の経営者に「生産、販売、投資などが増加しているか減少しているか」をアンケートしたもので、「良い」が多ければプラス、「悪い」が多ければマイナスになります。これは、経営者の心理を反映した数値で、経済の現場における景気実感を示す極めて重要なデータです。短観は、国内外で利用されており、海外でも「TANKAN」の名称で広く知られています。日本銀行が金融政策を決める上でも重要な材料となる日銀短観は、株式市場や為替市場にも大きな影響を与えます。

● 鉱工業指数

鉱工業指数は、わが国の生産、出荷、在庫に関連する諸活動を体系的に捉えるものです。わが国の工場などはさまざまな製品を生み出していますが、それらの多様な生産活動を表す総合的な指標として鉱工業生産指数が作成されており、経済指標の中では重要なものの一つとなっています。

鉱工業生産指数をはじめとする鉱工業指数が経済全体の動きを見る上でなぜ重要な指標なのでしょうか。それは、①わが国の経済活動に占める割合が大きいこと、②景気の動きに敏感なこと、③速報性があること（翌月の下旬には速報が公表されます。経済活動の実態面の動きを表す統計としては、公表が早いものの一つです）によります。このような理由から経済指標の中で重要視されています。

● 家計調査

支出面のGDPを構成する4つの要素の中で消費は5割以上を占めているため、消費関連の指標は重要な指標といえます。家計調査では、無作為に選んだ全国約9,000世帯について、勤労者および無職世帯については収入と支出を、個人営業などの勤労者以外の世帯（無職世帯を除く）については支出を調査しています。調査においては、家計簿と同じように購入した品目、値段を詳細に記入する必要があります。

● 消費者物価指数

この指数は、消費者が購入する商品（財やサービス）について、物価の変化を総合的かつ客観的に表すものであり、多方面で利用されています。

● 雇用関連の経済指標

雇用情勢は景気の状況がダイレクトに反映されます。また、雇用情勢の悪化は国民の不満を高め、政府の責任問題に発展しやすいので、「完全失業率」等の雇用関連指標を政府は重視しています。

● 完全失業率

完全失業率は、労働力人口に占める完全失業者の割合です。完全失業者は、働きたくても仕事がなく、求職活動をしている人を指します。完全失業率が低下傾向を見せ始めた場合、景気はかなり良くなっていると考えることができます。

● 有効求人倍率

有効求人倍率は、求職者一人当たりに対して何件の求人があるかを示した割合です。有効求人倍率が高いほど雇用情勢が良く、反対に低ければ低いほど雇用情勢は悪いということになります。「有効求人倍率」は「完全失業率」に比べると、実際の景気の動きとのタイムラグが小さく、ほぼ同じ動きをするため、国民の関心が高く、ニュースなどでよく見かける指標です。

● アメリカの経済指標

アメリカの経済指標で最も関心が高く重要な指標は雇用統計です。アメリカの景気の実態を表し、政策の先行きを予想する材料になるため、雇用統計の中でも「非農業部門雇用者数」と「失業率」が重要視されています。

COLUMN フリマアプリや民泊がGDPに計上されていない！？

　フリマアプリやネットオークション、民泊やカーシェアリング（車の共同所有）などは、現在GDPに計上されていません。売買の仲介手数料は新しい付加価値なのでGDPにカウントされますが、中古品の売買は新たな付加価値ではないのでGDPには計上されません。また、個人間取引は市場活動ではないのでGDPには計上できないのです。

　民間の研究所によると、カーシェアリングなどのシェアリングサービスだけでも2016（平成28）年の市場規模は年間1兆1,800億円で、将来的には2兆6,300億円まで拡大の可能性があると試算されています。また、フリマアプリのサービスを運営しているメルカリの2017（同29）年6月期の売上高は220億円にのぼり、2018（同30）年6月に東証マザーズに上場しました。皆さんもこれからフリマアプリやカーシェアリング、民泊を利用するのではないでしょうか。もうすでに利用しているかもしれませんね。リユース、リサイクル、カーシェアリングは環境にもやさしいことから、加速度的に経済規模が成長すると予測できます。

　これまで市場価値がついていなかったこうした経済活動が新たな産業として市場経済化されるとGDP水準の押し上げ効果が見込めるため、内閣府はGDP統計改革の一環として、民泊やフリマなどシェアリング・エコノミーをGDPに取り込むための研究を進めています。

▶第8章　GDPとその他の経済指標

第8章の練習問題

1．次の文章の①～⑤に当てはまる適切な用語を答えなさい。
・GDPは（　①　）で一定期間内（通常は1年間）に新しく（　②　）された財・サービスの（　③　）の総計である。
・GDPは国の（　④　）や（　⑤　）を表す「指標」である。

2．以下の下線部について、適切なものに○をつけなさい。
・日本で活躍する外国人スポーツ選手の年棒は、日本の①GDP・GNPに含まれる。
・アメリカのメジャーリーグで活躍する日本人メジャーリーガーの年棒は、日本の②GDP・GNPに含まれる。

3．支出面から見たGDPの4つの構成要素を英語の頭文字で書き、式を完成させなさい。
Y ＝　①　＋　②　＋　③　＋（　④　－　⑤　）

4．2017（平成29）年度の日本の名目GDPの金額を答えなさい（2017［平成29］年度以降の金額が分かればその金額）。

第9章 有効需要と乗数

> 本章に関連する一枚

> これは政府支出（公共事業）によるダム建設現場の写真です。政府支出などの額によってGDPが決まるメカニズムについて学びましょう！

　前章でGDPの特徴について学びました。このGDPはどのように決まるのでしょうか？　また、どのようなことがGDPに影響を与えるのでしょうか？　この章では生産物を取引する財市場を考えます。そこでは支出面でのGDPの構成要素である消費や投資などの総需要に注目し、まずはGDPがどのように決まるかを見ます。そのうえで消費や投資、政府支出が変化するとその何倍にもGDPが変化するという乗数メカニズムについて学習します。

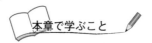
本章で学ぶこと

・均衡国民所得の決まり方を学びます。
・財市場の需要と供給のグラフを紹介します。
・乗数メカニズムを解説します。
・いろいろな乗数を紹介します。

1. 有効需要

● マクロ経済学の需要と供給

　ミクロ経済学で需要とは、消費者がある価格でその財をどれだけ買いたいかを表しており、供給とは企業がある価格でその財をどれだけ売りたいかを意味していました。では、国全体の経済を扱うマクロ経済学の需要と供給とは何を指すのでしょうか。

　マクロ経済学の供給とは、経済全体で生産されたもの、つまり前章で学んだ**総生産**（GDP）がそれに当たります。同様にマクロ経済学の需要とは、経済全体で生産された生産物に対する需要を指します。これには経済主体である家計の消費需要、企業の投資需要、政府の公的需要、そして海外部門の海外需要があり、それらの合計がマクロ経済学の需要であり、**総需要**と呼ばれます。

　マクロ経済学の需要と供給の特徴の1つとして、ミクロ経済学では需要と供給は量として表されましたが、マクロ経済学では金額で表される点があります。ミクロ経済学では一つひとつの財について市場が存在し、そこに需要と供給がありました。そこで取引される財は全く同質であるため、1つ2つという量で需要と供給を表すことができました。しかし、マクロ経済学では取引されるのは経済全体の財・サービスとなります。そこでは自動車もあればキャベツなどの野菜も、散髪などのサービスもあります。これを数量で表してしまうと自動車1台もキャベツ1玉も同じく1単位として扱われてしまうことになり、うまく経済全体の需要や供給を表せなくなってしまいます。ですからマクロ経済学では、需要と供給は量ではなく金額として表現されます。

● 有効需要とセイの法則

　では、マクロ経済学の需要と供給の一致、つまり均衡はどのように決定されるのでしょうか。実は均衡の決まり方には2つの考え方が存在します。その1つが**有効需要の原理**です。この考え方は**ケインズ**（Keynes, J. M.）が、国民所得が低迷したり高い失業率が発生するのは需要側に問題があるとしたことから始まりました。ケインズは、所得の増大に結びつく財・サービスの需要を**有効需要**と呼び、有効需要を拡大することで生産がそれに呼応して増加し、国民所得の増加や失業の解消に役立つと主張しました。これが有効需要の原理による均衡の決まり方です。

　均衡のもう一方の決まり方には**セイの法則**と呼ばれるものがあります。セイの法則では有効需要の原理とは対照的に、供給に合わせて需要が変化します。生産されたものは価格が調整してくれるため、すべてが売りつくされるという考え方です。一国の総生産はその国の供給能力によって決まるため、最大限生産できる

生産量が達成されるように価格が変化して、需要は供給と一致するというものです。

　この2つの考え方は、どちらが正しくてどちらが間違っているというものではありません。これは価格が変化する時間が鍵となっています。つまり、価格が変化する十分な時間があるのであれば、価格によって需給のバランスがとられセイの法則が成り立ちます。反対に価格が変化するほど十分な時間がないときには供給が需要に合わせて変化するため、有効需要の原理が働きます。このように考えると、価格の変化が起こらない短期的な分析には有効需要の原理が、長期的な分析にはセイの法則が有効であることが分かります。これ以降のマクロ経済学では、主に価格が変化する時間がない短期のモデルを扱いますので、有効需要の原則が成り立っていると考えて読み進めるようにしてください。

2．乗数メカニズム

● 均衡国民所得

　均衡がどのように変化するかを考える前に、まずは均衡の決定について考えていきましょう。経済全体の財・サービスの取引を表す市場は財市場といい、財市場で決まる均衡は均衡国民所得と呼ばれます。前節で述べた通り、財市場の供給は総生産で、需要は総需要と呼ばれ、前章で説明した支出面のGDP、すなわち個人消費、民間投資、政府支出、純輸出の合計になります。これを式として表すと次のようになります。

$$総需要 = 個人消費 + 民間投資 + 政府支出 + 純輸出$$

　毎回文字で表すのは大変ですので、総需要を産出量を表すYieldの頭文字と需要を表すDemandからY_Dと表しましょう。そして前章と同様に消費をConsumptionのC、投資をInvestmentのI、政府支出をGovernmentのGと書き換えましょう。単純化のために海外との取引を行っていないとすると、上の式は、

$$Y_D = C + I + G$$

として表すことができます。これが総需要を表す式となります。均衡国民所得を明示的に解くためには、消費関数を導入する必要があります。消費関数とは所得と消費の関係を表したもので、ここでは単純に以下のような所得の一定割合を消費に回すという消費関数を考えましょう。

$$C = a + cY$$

　ここで、Yは国民所得を表しています。aは基礎消費（独立消費と呼ばれるこ

ともあります）と呼ばれ、国民所得とは無関係に消費する分を表しています。c は**限界消費性向**と呼ばれ、国民所得の限界的な変化に対してどの程度消費を変化させるかを表しています。例えば、臨時ボーナスが1万円もらえたとしましょう。その1万円を消費に回す分と貯蓄する分に分けるとすると、消費は増加しますがその増加分は1万円よりは少なくなります。そこからcは0よりは大きく1よりは小さいと仮定しておきましょう。消費関数を導入すると総需要の式は、

$$Y_D = a + cY + I + G$$

と書き換えることができます。

総生産を Y_S として表すと、前章の三面等価の原則より、生産された総生産額は賃金や地代などさまざまな形はとりますが、すべてが国民所得として分配されるため、総生産の式は、

$$Y_S = Y$$

と表すことができます。この総需要、総生産を表したものが図9－1になります。横軸に国民所得をとり、縦軸は総需要、総生産をとっています。

総生産は国民所得に常に等しいことより、総生産は原点を通る45度の直線として表されています。ここから財市場の分析は45度線分析と呼ばれることもあります。また、総需要曲線は傾きが限界消費性向となるように描かれています。総需要曲線と45度線の交点で決まる国民所得 Y^* が均衡国民所得になります。ここでは総所得、総需要、総生産が一致している、つまり三面等価の原則が成り立っていることが分かると思います。

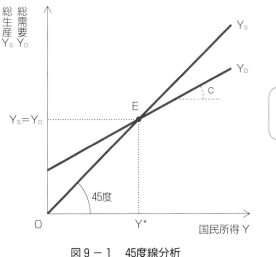

図9－1　45度線分析

● 乗数メカニズム

　この均衡国民所得はどのようなことがあると変化するのでしょうか。例えば、景気の拡大期では需要の増加が生産の拡大をもたらし、所得が増大して再び需要が増加するというように、需要の増加が需要の増加を生む現象が起こるといわれています。また、反対に景気の低迷期では買い控えなどによる需要の減少が需要の減少を促進させることがあります。これらは**乗数メカニズム**と呼ばれるメカニズムで説明することができます。例えば、オリンピックにはオリンピック効果と呼ばれる景気を拡大する効果がありますので、これを使って説明してみましょう。

　ある国でオリンピックが開催されると、海外から多くの観光客が訪れ、その国のオリンピック関連の産業、例えばホテル業やお土産などの小売業の売り上げが増加します。ここで、オリンピック関連産業で1兆円需要が増加したとしましょう。これはオリンピックがその国で開催されなければなかった需要ですから、その需要の増加分だけ生産を増やす必要があります。ですから生産も1兆円増加します。この1兆円分の生産を行うためには従業員に普段より多く働いてもらったり、新たに人を雇用したりする必要があるため、1兆円が従業員の給料として増加します。所得が増加した従業員は外食へ行く回数を増やしたり、旅行をしたり、日用品を購入したりというように消費を増加させるでしょう。これらの消費が新たな需要（派生需要）となり、その需要が生産を拡大させ所得を増加させます。このように、需要の増加が需要の増加を生むことによって、当初の需要の増加分である1兆円の何倍もの国民所得を増加させることになります。この一連の効果が乗数メカニズムと呼ばれます。

　乗数メカニズムを具体的に表したものが図9−2になります。ここでは所得の

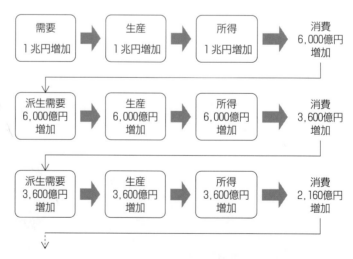

図9−2　オリンピック開催による需要の増加の波及経路
（限界消費性向が0.6のケース）

増加に対し、6割を消費に、4割を貯蓄の増加に充てる（限界消費性向が0.6）と仮定しています。1兆円の需要の増加は6,000億円の派生需要と4,000億円の貯蓄の増加をもたらします。6,000億円の派生需要からは3,600億円の派生需要が生まれます。このようなサイクルが繰り返されることによって、国民所得を増加させていきます。

では、先の例にあるオリンピック効果では国民所得をどれだけ増加させることができるのでしょうか。これは総需要と総生産の式から求めることができます。均衡国民所得では$Y_S = Y_D$が成り立つことより、

$$Y = a + cY + I + G$$

と表せます。右辺と左辺のYをまとめると、

$$Y = \frac{1}{1-c}(a + I + G) \quad (9-1)$$

となります。この$\frac{1}{1-c}$は乗数と呼ばれ、消費の増加額に乗数を掛けた分だけ国民所得を増加させることができます。今回の例では限界消費性向は0.6ですから、cに0.6を代入すると乗数は2.5となります。つまり、1兆円の需要の増加は2.5兆円の国民所得の増加をもたらすことが分かりました。

3. さまざまな乗数

前節では均衡の決定と、その均衡が需要の増加でどのように変化するかを学びました。このことは、有効需要が増加すればその乗数倍均衡国民所得を上昇させることを表しています。有効需要にはさまざまな種類があり、その種類によってそれぞれ効果が異なります。この節ではさまざまな乗数を見ていきましょう。

● 政府支出乗数、投資乗数

まずは、政府支出を大きくすることでどれだけ均衡国民所得が増加するかを見ていきましょう。政府支出はGと表していましたが、変化した量はΔ（デルタ）をつけて表します。例えば、政府支出を50増加させたとすると$\Delta G = 50$となることになります。式9-1を政府支出と均衡国民所得以外は変化しないと考え、政府支出をΔGだけ増やすと国民所得は、

$$Y' = \frac{1}{1-c}(a + I + G + \Delta G)$$

となります。変化後の国民所得Y'から変化前の国民所得Yを引くと、

$$\Delta Y = Y' - Y = \frac{1}{1-c}\Delta G$$

となります。つまり、政府支出をΔGだけ増加させると$\frac{1}{1-c}\Delta G$だけ均衡国民所得が増加することが分かります。ここからこの$\frac{1}{1-c}$は政府支出乗数とも呼ばれています。前節の例のように限界消費性向cを0.6と仮定すると、政府が10兆円支出を増加すると25兆円分国民所得を増加させることができることになります。この乗数メカニズムに基づけば政府支出の増加はどのようなものに使うかの言及はないため、何に使っても同様の効果を得ることができることになります。例えば、穴を掘って埋めるという穴掘り政策であったとしても、乗数メカニズムによって経済全体の需要を拡大させることを表すことができます。

投資は政府が直接コントロールはできませんが、投資を増加させても同様の効果を得ることができます。これは式9−1を投資と均衡国民所得の2つの関係で表すと、

$$\Delta Y = \frac{1}{1-c}\Delta I$$

と、政府支出のときと全く同じ式になることで説明できます。つまり、投資をΔIだけ変化させると$\frac{1}{1-c}\Delta I$だけ国民所得を変化させることが分かります。これらの関係を図として表したものが図9−3になります。

図9−3にある①の矢印は、政府支出、もしくは投資を増やすことで総需要曲線をその分だけ上にシフトさせることができることを表しています。②の矢印は、需要が増加したことで生産と所得がそれぞれ増加することを表しています。

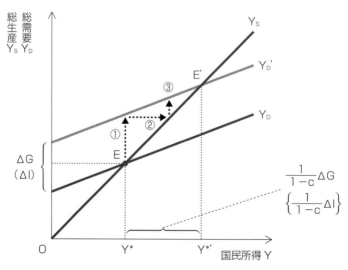

図9−3　政府支出・投資の変化と均衡国民所得の変化

そして③の矢印は、所得の増加が消費を限界消費性向分だけ押し上げ、再び需要が増加することを表しています。この後、生産や所得が増加し、再び需要を増加させることが繰り返されることによって、均衡がEからE'に、均衡国民所得がY*からY*'に乗数倍増加することが分かります。

● 租税乗数

政府支出を増加させるためにはそのお金をどこから捻出するか、財源を考えなければなりません。政府の主な財源としては、税金か国債と呼ばれる国民への借金の2通りしかありません。国債の効果は複雑ですので、ここでは税金によってその財源を賄うとしましょう。租税をTaxの頭文字Tとして表し、単純化のために所得から一定額徴収されるとして、Y－Tと考えましょう。このY－Tを**可処分所得**といいます。消費は所得ではなく税引き後の所得である可処分所得がどのくらいあるかによって決まるためです。それを使って均衡国民所得の式を変更すると、

$$Y = a + c(Y - T) + I + G$$

となり、ここからYについて解くと、

$$Y = \frac{1}{1-c}(a - cT + I + G)$$

となります。つまり、税金をΔTだけ増やすと国民所得は、

$$Y' = \frac{1}{1-c}(a - c(T + \Delta T) + I + G)$$

となります。変化後の国民所得Y'から変化前の国民所得Yを引くと、

$$\Delta Y = Y' - Y = -\frac{c}{1-c}\Delta T$$

となり、国民所得を$\frac{c}{1-c}\Delta T$だけ減少させることが分かります。税金の増加によって私たちの使えるお金が減ってしまい、それにより消費が減少してしまいます。消費の減少が需要、生産、所得の減少を生み、再び消費の減少というように派生していくためです。そのため、$\frac{c}{1-c}$は租税乗数と呼ばれています。

では、政府支出と租税収入が常に一致する均衡財政の制約のもとで政府支出を増加させるとどのようなことが起こるのでしょうか。均衡財政はG＝Tが常に成立することになります。それを均衡国民所得の式に代入してTを消すと、

$$Y = \frac{1}{1-c}(a - cG + I + G)$$
$$= \frac{1}{1-c}(a + (1-c)G + I)$$

となります。均衡財政のもとで政府支出をΔGだけ増加させると国民所得は、

$$Y' = \frac{1}{1-c}(a + (1-c)(G + \Delta G) + I)$$

となり、国民所得の変化量ΔYは、

$$\Delta Y = Y' - Y = \frac{1-c}{1-c}\Delta G = \Delta G$$

となります。つまり、政府支出と租税を同額増やした場合、均衡国民所得は政府支出の増加分だけ上昇することが分かります。これは政府支出が増加して国民所得を増やす効果が、租税が増加して消費を下げ、国民所得を押し下げる効果よりも大きいことを意味しています。このことは、政府が国民から税金を徴収して支出を行うことの意義を説明しているといわれています。

● 貿易乗数

これまでは海外との取引を行わないケースを考えて（見て）きましたが、ここでは貿易、つまり輸出と輸入を含めて考えてみましょう。輸出とは海外の家計、企業、政府が国内で生産された生産物を消費するために支出する分を表しています。総需要とは国内で生産された生産物に対する需要ですから、輸出はここに加わります。一方で国内の家計、企業、政府は必ずしも国内で生産された生産物のみを消費しているわけではありません。私たちの消費には海外で生産された生産物も含まれるため、その分を輸入という形で一括して総需要から除く必要があります。輸出はExportですのでEと表したいのですが、為替レート（Exchange Rate）などと同じになってしまうためEXとし、輸入もImportの二文字からIMとして、$IM = m_0 + m(Y - T)$ と表しましょう。輸入とは先ほど説明した通り家計の消費も含み、その部分は可処分所得に依存するため、このような形をしています。m_0 を基礎輸入、mのことを限界輸入性向と呼びます。輸出と輸入を均衡国民所得の式に代入し、Yについて整理すると、

$$Y = \frac{1}{1-c}(a - cT + I + G + X - (m_0 + m(Y - T)))$$

$$= \frac{1}{1-c+m}(a - (c-m)T + I + G + X - m_0)$$

となります。このとき政府が政府支出を増加させると国民所得はどのように変化するでしょうか。政府支出をΔG増加させると国民所得は、

$$Y' = \frac{1}{1-c+m}(a - (c-m)T + I + (G + \Delta G) + X - m_0)$$

となります。したがって国民所得の変化は、

$$\Delta Y = Y' - Y = \frac{1}{1-c+m}\Delta G$$

となります。限界輸入性向分だけ分母が大きくなっている、つまり乗数が小さくなっていることが表されています。貿易が行われると所得の増加による消費の増加分の一部が海外の生産物の購入に充てられてしまうため、漏れが生じて国民所得を押し上げる効果が貿易を行わないときの効果より小さくなってしまうためです。この乗数は貿易乗数と呼ばれています。

消費関数

　本章の学びから、財市場のことを考える上で消費関数の仮定の影響がとても大きいことが分かります。本章で扱った消費関数はケインズの絶対所得仮説と呼ばれるもので、「今期の消費は今期の所得の絶対額に依存する」というものです。絶対所得仮説は多くのマクロ経済学の教科書で仮定されていますが、家計はどのように消費するかに関して、絶対所得仮説以外にもさまざまな仮説があります。例えばデューゼンベリー（Duesenberry, J. S.）はその期の所得だけでなく、過去の最大の所得にも依存するという相対所得仮説を説いています。それ以外にもフリードマン（Friedman, M.）の恒常所得仮説、モディリアーニ（Modigliani, F.）のライフサイクル仮説などがあります。公務員試験などではよく出題される個所になりますので、公務員を目指す人はぜひ覚えておきましょう。

第 9 章の練習問題

1. 次の文章の①〜③に当てはまる適切な用語を答えなさい。

    財市場において総需要は、家計の消費、企業の（ ① ）、政府の政府支出、および海外部門の輸出から輸入を引いたものの合計で表される。一方で総生産は常に国民所得と等しく、図で表すと傾きが1の直線をしていることから、財市場の分析は（ ② ）分析とも呼ばれている。総需要と総生産の交点は（ ③ ）という。

2. 限界消費性向が0.8、限界輸入性向が0.3であるとき、貿易乗数はいくつになるか求めなさい。

3. マクロ経済が以下のように表されているとする。このときの経済の均衡を求めなさい。
    $Y = C + I + G$
    $C = 10 + 0.8(Y - T)$
    $I = 50$
    $G = 10$
    $T = 5$

第10章 貨幣市場

> 本章に関連する一枚

> 経済学では「お金」をどのように考えるのでしょうか？

　私たちの生活において、お金は非常に身近な存在です。では、お金とは何でしょうか。世の中にはどれくらいのお金が流通しているのでしょうか。お金はお札やコインなのだから、その量を数えればよいのではないかと考えるかもしれません。実は、経済学で考えるお金とは、現実に手に触れることのできるものだけではありません。

　本章では、経済活動の中で貨幣が果たす役割や、貨幣の量をどのように測るのかを説明します。貨幣市場における貨幣供給の仕組みと、なぜ人々が貨幣を需要するのかについて明らかにしていきます。

本章で学ぶこと

- 貨幣の機能と定義について学ぶ。
- 中央銀行と市中銀行の役割から貨幣供給の仕組みを理解する。
- 資産選択と貨幣需要の関係を理解する。
- 貨幣市場と利子率の関係を学ぶ。

1. 貨幣の機能と定義

　経済学では、お金のことを**貨幣**と呼びます。経済活動において、貨幣が重要な役割を果たしていることは明らかです。本節では、貨幣の基本的な役割について整理し、日本で実際に貨幣として使われているものを見ていきます。

● 貨幣の機能

　貨幣には、第1に「交換手段（支払い手段）」、第2に「価値尺度」、第3に「価値貯蔵」の3つの機能があります。

　交換手段機能とは、貨幣が交換の媒介の役割を果たして、取引を円滑にするものです。貨幣の存在していない**物々交換経済**を考えてみます。Aさんはケーキを持っていて、リンゴをほしがっているとします。このとき、リンゴを持っているBさんと出会うことができ、かつBさんがケーキをほしがっているならば取引が成立します（図10－1）。他方で、Bさんが別の財をほしがっているならば、取引は成立しません（図10－2）。物々交換が成立するためには、自分のほしい財を相手が持っていること、さらに相手も自分の持っている財をほしがっていることが条件となります。この2つの一致を、**欲求の二重の一致**と呼びます。しかしながら、取引相手の探索や交渉の手間、それに伴って生じる時間などの**取引費用**が大きくなるために、取引の成立は非常に困難です。

| リンゴがほしい
ケーキを持っている | | 
取引が成立 | | ケーキがほしい
リンゴを持っている |

図10－1　「欲求の二重の一致」が成立する状況

| リンゴがほしい
ケーキを持っている | |
取引が不成立 | | ケーキはほしくない
リンゴを持っている |

図10－2　「欲求の二重の一致」が成立しない状況

　交換手段としての貨幣は、物々交換の問題を克服することができます。すべての人々がほしいと考える「モノ」として貨幣が存在したならば、貨幣を媒介として取引ができるようになります（**貨幣経済**）。自分が保有している財を相手がほしいと考えていなくとも、貨幣との交換であれば、相手は取引に応じてくれます。先ほどの例で考えると、AさんはBさんがケーキをほしがっていなくとも、リン

ゴの対価に貨幣を支払うことで取引が成立します（図10-3）。貨幣が経済の中で広く使われるためには、誰もが貨幣を確実に受け取ってくれるという、**一般受容性**の性質を有していることが必要となります。

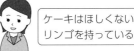

図10-3　貨幣経済における取引

価値尺度とは、異なった財・サービスの価値を共通の尺度で測る働きのことです。例えば、市場では、リンゴが100円、ケーキが200円と価格がつけられていて、日本では「円」という貨幣単位で測られています。価値尺度がない場合には、「ケーキ1個に対して、リンゴ2個分」という交換比率によって表さなければならず、財の種類が増えるほど取引は複雑なものになります。貨幣が共通した尺度となることで、異なる種類の、単位の違う財・サービスの間であっても、価値の比較を容易に行うことができます。

価値貯蔵とは、現在の価値を将来にわたって保存できる機能です。現時点ではしい財・サービスがないならば、（交換せずに）貨幣として保有し続け、将来の使う時点まで**購買力**（貨幣が持つ財・サービスを購入することができる力）を持ち越すことを可能にします。例えば、リンゴを長く持ち続けていると、そのうち腐ってしまい価値を失いますから、すぐに消費してしまうほかありません。貨幣は、保有し続けても価値が減少することはないため、**資産**（将来にまで価値が残るもの）として利用することができます。ちなみに、貨幣以外には株式や債券などの金融資産、土地などの不動産が資産の例として挙げられます。

● マネーストックの定義

ここでは貨幣の機能を持ち、実際に貨幣として使われているものを見ていきます。日本では、日本銀行が貨幣の定義と、それに基づいた金額をマネーストック統計として公表しています。**流動性**（資産を現金に換えることの容易さ）や**決済**（貨幣の受け払い）機能の強さの程度に応じて分類されていると考えられます。

まず、日本銀行が発行する**日本銀行券**（紙幣）と政府が発行する**補助貨幣**（硬貨）が貨幣とされています。これらを「**現金通貨**」といいます。さらに、**預金**も貨幣とされています。例えば、企業間で行われる高額取引では、預金口座を利用して振込が行われます。またクレジットカードを利用して商品を購入した場合には、後日、預金口座からその代金が引き落とされます。これらの取引は、現金を用い

ることなく完了することができます。決済に利用できる普通預金や当座預金などは**要求払預金**と呼ばれ、「**預金通貨**」とされています。いつでも引き出しが可能である要求払預金は、流動性が高いことから、現金通貨の密接な代替物であると考えられます。この現金通貨と預金通貨の合計を**M1**と呼びます。

　他方で、預金にはさまざまな種類があります。例えば、預けてから一定期間は引き出すことのできない定期性預金（定期預金や積立預金）があります。これらは要求払預金とは異なり、決済に利用することはできませんが、満期前に途中解約することができる（流動性が高い）ことから、預金通貨に準じた「**準通貨**」として扱われます。そのほかに、口座ごと譲渡することが可能な大口の定期預金である**譲渡性預金**（Certificate of Deposit：**CD**）があります。M1に、準通貨とCDを加えた貨幣の定義が**M3**です[★1]。

　さらに、より広い貨幣の定義に**広義流動性**があります。一定程度の流動性を有している金融資産（金融債や投資信託、国債など）をM3に加えたものです。

　そして、現金通貨と預金の全体を**マネーストック**と呼び、一国全体の**貨幣供給**（経済に流通している貨幣量）を表す指標になります。

> **マネーストック＝現金通貨＋預金**

★1
M3に類似する定義にM2があります。M3には、ゆうちょ銀行や協同組織金融機関（信用金庫以外）の保有する貨幣が含まれていますが、M2には含まれていないといった違いがあります。

　表10-1は、マネーストック統計による貨幣の定義と、2018（平成30）年3月の平均残高を示しています。M1は741.7兆円、M3は1318.7兆円、広義流動性は1725.8兆円となっています。当然ですが、貨幣の定義を広げるほど残高は大きくなります。預金通貨の残高は、現金通貨の約6.5倍にもなっています。これは次節で説明するように、日本銀行の供給する現金通貨が、その何倍もの預金をつくり出していることに関係しています。

表10-1　マネーストックの定義と平均残高

2018（平成30）年3月

定義				平均残高
広義流動性（＝M3＋金融債・国債など）				1725.8兆円
	M3（＝M1＋準通貨＋CD）			1318.7兆円
		準通貨（定期性預金）		547.8兆円
		CD（譲渡性預金）		29.1兆円
		M1（＝現金通貨＋預金通貨）		741.7兆円
			現金通貨	99.0兆円
			預金通貨（要求払預金）	642.7兆円

出典：日本銀行「マネーストック統計」をもとに作成

2. 貨幣供給

前節では、貨幣供給の指標であるマネーストックについて学びました。では、マネーストックの水準はどのように決まるのでしょうか。本節では、中央銀行と市中銀行の機能（働き）がマネーストックの決定に重要な役割を果たしていることを説明します。

● 中央銀行とマネタリーベース

日本の**中央銀行**（銀行などの民間金融機関や政府を取引相手とする銀行）である**日本銀行**（以下、日銀）には、「**政府の銀行**」「**発券銀行**」「**銀行の銀行**」の3つの機能があります。「**政府の銀行**」とは、政府の資金である国庫金に関する出納業務を担う銀行であるという意味です。「**発券銀行**」とは、日銀（中央銀行）だけが、日本銀行券を独占的に発行することができるという働きです。

「**銀行の銀行**」とは、市中銀行（日銀以外の民間銀行）から預金を受け入れ、また貸し出しを行う働きのことです。民間の銀行は、集めた預金を家計や企業へ貸し出したり、国債などの金融資産を購入することで利潤を獲得する一方で、預金者による急な多額の現金の引き出しに備えておかねばなりません。そのため、各銀行は受け入れている預金額の一定比率（（法定）**準備率**★2）以上の金額を、日銀の**日銀当座預金**に預け入れておくことが法律で義務づけられています。これを**準備預金制度**といいます。この制度のもとで、銀行が日銀に預け入れている預金を**準備預金**といいます。

そして、現金通貨と日銀当座預金の合計を**マネタリーベース**★3と呼びます。

マネタリーベース＝現金通貨＋日銀当座預金

現金通貨は日銀が供給し、日銀当座預金は日銀が市中銀行から預かっている預金ですので、マネタリーベースは日銀が直接供給する貨幣ということになり、マネーストックの基礎（ベース）となる貨幣です。表10-2は、日本のマネタリーベースの定義と平均残高を示しています。

日銀は以上の機能を果たす一方で、経済の「物価の安定」を図ることを目的として、**金利や貨幣供給を金融政策によって操作**しています。日銀が、金融市場を通じて国債などの債券や手形の売買を行うことを**公開市場操作**と呼び、マネタリーベースを調整する伝統的な金融政策手段の一つになっています。

市中銀行が保有する国債などの資産を日銀が購入した場合に、その代金は日銀当座預金に振り込まれます。市中銀行によって日銀当座預金から引き出された現金通貨は、銀行から企業や家計への貸し出しを通じて市場に供給されていきます。これを**資金供給オペレーション（買いオペレーション）**といい、マネタリーベース

★2 準備率は、金融機関や預金の種類と額によって異なり、現在では0.05%から1.2%の水準となっています。

★3 ハイパワードマネーやベースマネーとも呼ばれます。

表10-2 マネタリーベースの定義と平均残高

2018(平成30)年3月

定義		平均残高
マネタリーベース		475.9兆円
	日本銀行券発行高	102.8兆円
	貨幣流通高	4.8兆円
	日銀当座預金	367.4兆円
	準備預金	332.8兆円

注：貨幣流通高は、硬貨を指します。
出典：日本銀行「マネタリーベース統計」をもとに作成

は増加することになります。

資金吸収オペレーション(売りオペレーション)は、この逆の操作をすることです。日銀が保有している国債を市中銀行に売却すると、日銀当座預金からその代金が引き出されることになり、マネタリーベースは減少します。市中銀行は債券と交換に、資金が減ることになるため、企業や家計への貸し出しを減らすことになります。つまり市場の貨幣供給も減少します。

● 信用創造と信用乗数

　中央銀行から市中銀行に供給された現金通貨は、その何倍もの預金をつくり出すことになります。

　日銀が銀行に供給した現金は、銀行の資金となり、貸し出しを通じて家計や企業の手元に渡り、取引に利用されます。取引の相手方に支払われた資金は、現金として保有されるだけでなく、一部は銀行に預金されます。預金を受け入れた銀行は、その資金で貸し出しを行うことが可能になり、再び取引に利用され、預金として戻ってくることになります。この預金と貸し出しをつくり出すメカニズムを**信用創造**といいます。図10-4の信用創造の仕組みについて見ていきます。ここでは、準備率が10%のケースを例に考えてみます。

　中央銀行によって資金供給オペレーションが行われたとします。A銀行が保有していた100万円の国債を中央銀行に売却した場合に、A銀行の日銀当座預金は100万円増加します。A銀行はそこから100万円の現金通貨を引出して、家計Xに貸し出します。家計Xは、借り入れた100万円を企業1への支払いに充てます。企業1は、受け取った100万円をB銀行に預金します。
　B銀行では、100万円の預金が増加したので、準備率(10%)を掛けた金額の準備預金(10万円)を日銀当座預金に預け入れなければなりませんが、

準備預金を差し引いた90万円を家計Yに貸し出すことができます。そして家計Yは、企業2へ90万円の支払いを行います。企業2はC銀行に預け、C銀行は準備預金を差し引いた81万円を家計Zに貸し出すというプロセスが続いていきます。

企業1からB銀行への最初の預金（本源的預金）100万円から始まり、90万円、81万円、72.9万円…と新たな預金（派生預金）が増加していきます。「預金→貸出→預金→…」という信用創造プロセスが無限に続いた場合に、預金通貨は何倍に増えるでしょうか。本源的預金が最終的に何倍に増えるのかを示す値を**信用乗数**といい、次のように計算できます。

$$信用乗数 = \frac{1}{準備率}$$

式から分かるように、信用乗数は準備率の逆数になっています。したがって、準備率が低くなるほど、信用乗数は大きくなっていきます。

上記の例では、$\frac{1}{0.1} = 10$となり、最初の預金額の10倍の預金がつくり出されることになります。また、最終的な預金総額は、本源的預金×信用乗数＝100万円

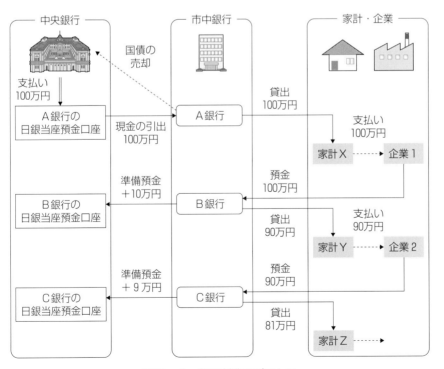

図10-4　信用創造のプロセス

×10＝1,000万円として計算することができます。

● 貨幣乗数（マネタリーベースとマネーストックの関係）

信用創造の議論では、預金が発生すると、その信用乗数倍の預金がつくり出されることを確認しました。これは、中央銀行によるマネタリーベース（現金通貨＋日銀当座預金）の調整です。実は、マネタリーベースの変化は、市場に流通する貨幣であるマネーストック（現金通貨＋預金）に影響します。両者の関係から、マネタリーベースの増加が、マネーストックをどれだけ増加させるのかを考えます。

マネタリーベースをH、マネーストックをMと表すことにします。両者の比をとると、

$$\frac{\text{マネーストック}}{\text{マネタリーベース}} = \frac{M}{H} = \frac{\text{現金通貨} + \text{預金}}{\text{現金通貨} + \text{日銀当座預金}}$$

となります。さらに上式の両辺の分子、分母を預金で割ると、

$$\frac{\frac{M}{\text{預金}}}{\frac{H}{\text{預金}}} = \frac{\frac{\text{現金通貨}}{\text{預金}} + \frac{\text{預金}}{\text{預金}}}{\frac{\text{現金通貨}}{\text{預金}} + \frac{\text{日銀当座預金}}{\text{預金}}}$$

となります。ここで、日銀当座預金／預金は、預金全体に占める日銀当座預金の割合ですから、準備率となります。そして、現金通貨／預金を、**現金・預金比率**と呼びます。これを基に上式を整理すると、

$$\frac{M}{H} = \frac{\text{現金・預金比率} + 1}{\text{現金・預金比率} + \text{準備率}}$$

となります。さらに、右辺をmと置き換えて移項すると、

$$M = mH$$

という式で表すことができます。この式は、中央銀行がマネタリーベースをH円だけ増加させると、マネーストックがm倍だけ増加することを意味しています。このmを**貨幣乗数**といいます。

上式を使って考えると、例えばある経済において、現金・預金比率が0.08、準備率が0.02であるとき、貨幣乗数は10.8となります。中央銀行がマネタリーベースを1兆円増加させた場合に、マネーストックが10.8倍の10.8兆円増加することになります。

3. 貨幣需要

人々が必要としている貨幣を**貨幣需要**といいます。人々は資産を貨幣や債券、株式などの金融資産や、土地などの実物資産の形で保有することができます。つまり、資産をどのような形で保有するのか、という資産選択を行っています。とりわけ、貨幣はさまざまな理由から需要されます。どのような動機で、どの程度、貨幣を保有しようとするのでしょうか。

● 何が貨幣需要を変化させるのか？

貨幣を保有する動機は、取引動機、予備的動機、投機的動機の3つに分けて考えることができます。

第1に、**取引動機**は、人々が日々の財・サービス取引の支払い手段のために、流動性の高い貨幣を手元に保有しておくことをいいます。必要なときにすぐに取引を行うためには、ある程度まとまった額を用意しておくことになります。第2に、**予備的動機**とは、将来の不測の支出（病気や事故、災害など）や突然の取引機会に備えて、一定の貨幣を手元に保有しておくことを意味しています。

取引動機に基づく貨幣需要は、人々の所得水準に比例すると考えることができます。所得の高い人ほど取引機会や取引額が増えるので、取引に必要な貨幣の量が多くなります。経済全体で見た場合には、国民所得の水準に比例することになります。**予備的動機に基づく貨幣需要**についても同様に、経済取引が活発になるほど、いつ、どこで支出が必要になるか分からないので、余分に貨幣を保有することになります。この2つの貨幣需要をまとめて、**取引需要（L_1）**といいます。図10-5は、取引需要（縦軸）と国民所得（横軸）の関係を示しています。国民所得（Y）が増加（$Y^* \to Y^{**}$）すると、取引需要（L_1）も増加（$L_1^* \to L_1^{**}$）します。反対に、国民所得が減少すると、取引需要も減少します。この関係を、「**取引需要は、国民所得の増加関数**」といいます。

第3に、**投機的動機**は、貨幣を資産として保有する目的のことを指します。前述の2つの動機のように交換手段のために貨幣を保有するのではなく、価値の貯蔵手段として考えています。

価値の貯蔵を考える場合には、貨幣以外にも、債券や株式などの利子や配当金を受け取ることのできる資産を保有することができます。人々は、各資産の**利回り**（生み出す価値の大きさ）と**リスク**（価格の変動により損失を生む可能性）、そして流動性の点から、どの資産をどれだけ保有するのかという選択に直面しています。貨幣を保有する場合、債券を保有していたならば得られたであろう利子相当分を失うことになります。しかしながら、債券には価格変動のリスクがあります。そのため、資産の一定割合をリスクの低い貨幣として需要することになります[4]。

★4 現金や預金は安全資産、債券や株式は危険資産と呼ばれます。

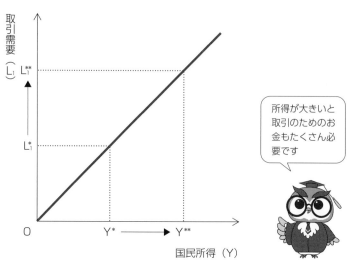

図10－5　取引需要と国民所得

● 資産需要と利子率

貨幣と債券の関係から、**投機的動機に基づく貨幣需要**について考えます。これを**資産需要（L_2）**といいます。議論を簡単にするために、資産は貨幣と債券の2種類だけであるとします。

債券とは、国や企業が資金を借り入れるために発行する**証券**（国債、社債などの借用証書）の総称です。債券には「借金の金額（額面）」「返済期日（償還日）」「利率（定期的に支払われる、額面に対する利子の割合）」が示されています。つまり、一定期間ごとに利子を受け取り、満期には貸した金額を返してもらう権利を証明するものです。ただし、市場で売買が可能であるため、債券の価格は日々変動します[★5]。この**債券価格**は**市場の利子率**[★6]と関係しています。

★5 利率は、債券発行時に確定しているので変動しません。

★6 利子率とは、お金を借りたときに、元本とともに返済する（支払う）必要のある金額の、元本に対する比率のことです。

★7 債券価格が下落する前に（高く売れるうちに）、売却しようとする人々が増える、と考えることができます。

　例えば、額面100万円で1年後に満期となる、利率が10％の債券について、市場の利子率が変動した場合に、債券価格がどのように変化するのか見てみます。債券の購入時の市場の利子率は5％とします。

（市場の利子率が5％から1％に低下した場合）

　銀行に100万円を預金した場合には、利子率1％なので1年後に1万円の利子を受け取ることができます。それに対して、10％の利率で10万円の利子を受け取ることのできる債券の価値は相対的に高まり、債券価格が上昇します。すると、債券の需要は減少します[★7]。一方で、利子は得られないが、価値が安定していて、リスクのない貨幣を保有しようとするため、投機的動機に基づく貨幣需要が高まります。

（市場の利子率が５％から20％に上昇した場合）

先のケースと反対のことが起こります。銀行に100万円を預金した場合には、利子率20％なので１年後に20万円の利子を受け取ることができます。それに対して、10％の利率で10万円の利子を受け取ることのできる債券の価値は相対的に低まり、債券価格が下落します。すると、債券の需要は増加します[★8]。一方で、投機的動機に基づく貨幣の需要は減少します。

★8 将来、債券価格が上昇すると予想する人々が増えて、価格が上がる前に債券を購入しようとする、と考えることができます。

このように、**利子率（r）が低下すると債券価格は上昇して、債券の需要が減少し、その代わりに資産需要（L_2）が増加**します。反対に、**利子率（r）が上昇すると債券価格が下落するので、債券の需要が増加し、その代わりに資産需要（L_2）が減少**します。図10-6は、利子率（縦軸）と資産需要（横軸）の関係を示しています。右下がりの曲線として描かれるこの関係を「**資産需要は、利子率の減少関数**」といいます。

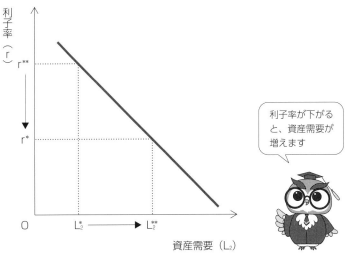

図10-6　資産需要と利子率

● 貨幣需要関数

以上の議論から、全体の**貨幣需要（L）**は、取引需要（L_1）と資産需要（L_2）を合計したものになります。また、取引需要は国民所得の増加関数、資産需要は利子率の減少関数となっていました。貨幣需要（L）と利子率（r）、国民所得（Y）の関係を示したものを**貨幣需要関数**といい、次のように表すことができます。

$$L = L_1(Y) + L_2(r)$$

この貨幣需要関数を、縦軸を利子率、横軸を貨幣需要として図に描いたものが**貨幣需要曲線**です（図10-7）。利子率が上昇（低下）すれば貨幣需要が減少（増

加）するという関係より、右下がりの曲線になります。

　また、国民所得が増加（減少）すれば、貨幣需要も増加（減少）します。図10－8は、国民所得の増加が貨幣需要に与える影響を表しています。点E^*は利子率がr^*、貨幣需要がL^*のときの水準です。このとき、利子率は変化せずに国民所得だけが増加したとすると、貨幣需要も増加します（L^*からL^{**}へ）。利子率は一定（r^*）のまま、貨幣需要が増加することになるので、貨幣需要曲線が右にシフトすることになります。

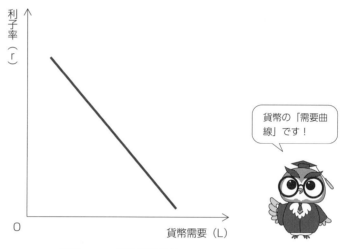

図10－7　貨幣需要曲線

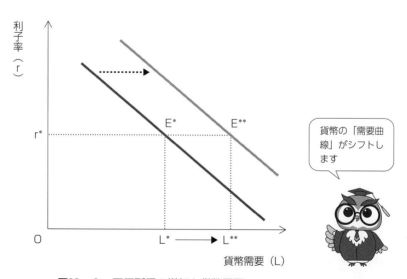

図10－8　国民所得の増加と貨幣需要

4. 貨幣市場の均衡

貨幣市場では、貨幣需要と貨幣供給が均衡する（等しくなる）ように利子率が決まります。貨幣供給は人々が保有している貨幣であり、中央銀行がマネタリーベースを調整する（公開市場操作を行う）ことでマネーストックをコントロールしています。つまり、中央銀行が**貨幣供給を一定の水準に**決めていると考えます。図10−9では、貨幣供給はM_0となり、垂直の曲線で描かれています。

貨幣需要は人々の取引動機や投機的動機から必要とされる貨幣であり、国民所得や利子率によって、保有する量が決定されます。ここでは、国民所得は変化しない（つまり、取引需要は一定）と考えます。すると、貨幣需要が利子率の減少関数であることから、貨幣需要曲線は右下がりの曲線として描かれます。

貨幣供給がM_0のとき、貨幣需要曲線と交わる点E^*が、貨幣需要と貨幣供給が一致する均衡点となります。均衡点に対応する利子率はr^eであり、**均衡利子率**となります。

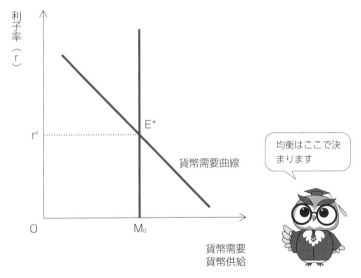

図10−9　貨幣市場の均衡（均衡利子率の決定）

COLUMN 直接金融と間接金融

「**資金を融通**」することを**金融**といいます。つまり、資金に余裕のある人（**資金余剰主体**）から、資金を必要としている人（**資金不足主体**）へ貨幣を**貸借**することを指しています。

家計や企業は、常に必要なだけの貨幣を手元に保有しているとは限りません。例えば、住宅を購入したり、新しい事業を起こすことを計画したとしても、手元に資金が不足している場合には、計画を実現することができません。一方で、貨幣をすぐに使用する目的がなく、将来のために貯蓄しておく人もいます。このとき、両者の間で貸借が行われれば、資金不足であっても計画を実行することができるようになり、経済全体の活動が活発化することになります。

資金を資金余剰主体（貸し手）から資金不足主体（借り手）へと移転する方法は、直接金融と間接金融の2つに大別されます。

直接金融とは、借り手が貸し手から資金を直接借り入れる方法です。この場合、貸し手が借り手の発行する本源的証券（株式・社債など）を購入することで、資金の移転が行われます。例えば、ある企業Aの株式を購入すれば、資金不足主体（企業A）の発行した本源的証券（株式）を直接保有することになるので直接金融ということになります。実際には、貸し手は株式や債券を**証券会社**を通して購入することになりますが、証券会社は株式・債券の売買取引を仲介しているだけで、株式・債券の購入者が資金を貸している相手は株式・債券の発行者となります。

直接金融

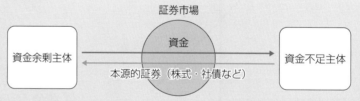

間接金融では、借り手は貸し手から直接には資金を借り入れません。借り手は、**銀行**などの**金融仲介機関**から資金を借り入れ、金融仲介機関はそのための資金を資金余剰主体から集めてきます。この場合、金融仲介機関は、借り手が発行する本源的証券（借用証書）を資金と交換に購入します。他方で、間接証券（預金証書）を発行して、それを貸し手に資金と交換に販売することで間接的に資金の移転が行われることになります。例えば、銀行は、預金を受け入れることと交換に預金証書を発行します。そして、その資金を資金不足主体に貸し付け、借り手が発行した借用証書を受け取ることになります。

間接金融

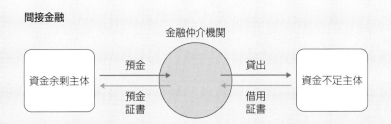

日本では、誰が資金の貸し手、借り手となっているのでしょうか。下図（部門別資金過不足の推移（対名目GDP比）：1980-2016、出典：日本銀行「資金循環統計」、内閣府「国民経済計算」より作成）は、資金の余剰・不足の状況を経済主体別に表したものです。

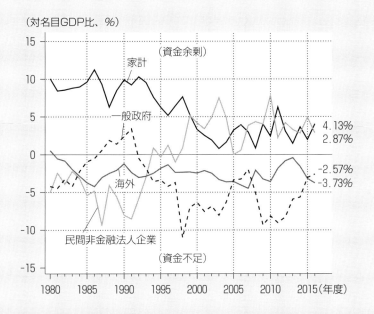

1990年代前半まで、家計部門は資金余剰主体として貸し手の役割を担い、企業部門は主たる借り手となっていました。ただし、90年代半ば以降、この状況は変化しています。企業部門が資金余剰主体となり、家計部門の資金余剰は減少してきています。政府部門は、景気対策による財政支出の拡大や社会保障支出の増加などの理由から資金不足主体に転じています。

第10章の練習問題

1．次の文章の①〜⑰に当てはまる適切な用語を答えなさい。

　貨幣の機能には、（　①　）、（　②　）、（　③　）の3つがあるとされる。（　①　）の機能は、取引費用を節約することを可能にし、（　③　）の機能は、（　④　）を減退させることなく保存することを可能にする。

　日本銀行の貨幣の定義には、最も（　⑤　）の高い（　⑥　）と（　⑦　）（要求払預金）の合計をM1として、M1に（　⑧　）と譲渡性預金（CD）を加えたM3、さらにM3に金融債などの金融資産を加えた（　⑨　）などがある。これら全体を（　⑩　）と呼び、経済の貨幣供給量を表す指標になっている。

　現金通貨と日銀当座預金の合計である（　⑪　）は、中央銀行によって調整される。例えば、中央銀行が市場を通じて国債を購入する（　⑫　）が行われれば、（　⑪　）が増加する。

　人々が貨幣を保有する動機には（　⑬　）動機、予備的動機、（　⑭　）動機が挙げられる。（　⑬　）動機と予備的動機に基づく貨幣需要は取引需要と呼ばれ、（　⑮　）の増加関数である。（　⑭　）動機による貨幣需要は資産需要と呼ばれ、利子率の（　⑯　）関数である。貨幣市場の均衡では、貨幣供給と貨幣需要が等しくなる水準に（　⑰　）が決まる。

2．ある市中銀行に1,000万円が預金（本源的預金）されたとする。準備率が4％のとき、信用創造によって預金は何倍になるか。

3．ある経済において、現金・預金比率が2％、準備率が10％であるとする（いずれも常に一定）。次の問いに答えよ。
（1）このときの貨幣乗数を求めよ。
（2）中央銀行がマネタリーベースを10兆円増加させた場合に、マネーストックはどれだけ増加するか。

第11章 経済政策

本章に関連する一枚

国はどのような経済政策を、いかにして実行するのでしょうか

　これまで経済学を学んできましたが、理解は深まりましたか？　ここで考えてほしいことがあります。「経済学の役割とは何でしょうか？」。上の写真は国会議事堂の写真です。国会議事堂では国会が開かれ、国会議員によってさまざまな政策が議論・決定されていますが、その多くは経済に関係しています。また、経済政策を持たない国会議員はいないほどです。

　経済の安定はとても重要です。不景気になると仕事がなくなり生活に困る人が増え、社会不安になることも過去にありました。現在わが国では、平均寿命が長くなり高齢者の割合が増加しています。これにより老後の生活に不安を感じている人もいます。これらの問題に対処する学問が経済学です。この章では、経済理論が社会でどのように生かされているかを学びます。

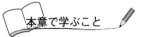

- 政府が財政政策を行う理由とその方法を理解します。
- 中央銀行が金融政策を行う理由とその方法を理解します。
- 税金の果たす役割から財政の仕組みを紹介します。
- 社会保障の種類とその仕組みについて紹介します。
- 経済政策が行われる理由を理解します。

1．財政政策

●政府の役割としての財政政策

　読者の皆さんは「景気」という言葉をご存知だと思います。ではその景気はどのように判断されるのでしょうか。

　第8章でも学びましたが、景気は日本銀行が実施している「短観」などを基にして判断されています。人間生活に例えると健康診断のようなものと考えられます。ここで「短観とは」とインターネットの検索サイトに入れてみてください。分からないことや気になることがあったら自分で調べる習慣をつくると社会がよく見えてきます。社会は常に変化していることを意識してください。

　検索したサイトを見ると「全国企業短期経済観測調査」の通称であること、日本銀行が年4回（3、6、9、12月）に行う上場企業や中小企業への業況調査のことであることが分かります。つまり、企業の経営状態を調査するものです。「3、6、9、12月」とありますから、3か月に一度健康診断を受けていることになります。

　では、どのような診断をしているのでしょうか。少し説明します（興味のある方は日本銀行のホームページを参照してください）。短観で使われる用語の中に「D. I.」というDiffusion Indexを略した単語があります。これは企業の業況感や設備、雇用人員の過不足などの各種判断を指数化したものです。その求め方は、企業（対象者数は約1万社）に「企業の収益を中心とした業況について全般的な判断を問う質問」をします。その選択肢は「（1）良い、（2）さほど良くない、（3）悪い」の3つで、その全ての回答から「（1）良い、（2）さほど良くない、（3）悪い」の割合を求めて以下の式に代入します。

$$\text{D. I.} = ((1)の回答社数構成百分比) - ((3)の回答社数構成百分比)$$

　この値がプラスのときには「景気が良い」と判断され、マイナスであれば「景気が悪い」と判断されています。意外と簡単に判断していると思いませんか。もちろん、この値のみで全てを判断しているわけではありません。しかし、このD.

Iを基に政府は景気判断を行い、景気対策を実施しています。では、政府はどのような景気対策を行っているのでしょうか。

第9章で学んだ内容を思い出してください。思い出すのは「有効需要」という単語です。これは「仕事をつくる」ということでしたね。もし、景気判断が悪いとなれば、企業は生産を削減します。これに伴って従業員の解雇が実施されるかもしれません。そうなると失業する人が増えます。家族の中に失業した人がいると家族全体の収入が減少して、以前より生活は厳しくなります。これは人間で言えば病気の状態です。そこで、その病気を治療するのが政府の役割となります。

その際、政府は例えば公共事業という処置をします。政府の予算によって道路や橋そして港などの施設の工事を発注します。それを受注するのが建設会社になります。最近は公共事業が減少し建設会社の数も少なくなりましたが、1980年代には地方の市町村に必ず建設会社がありました。この建設会社が工事を実施する際に地元の方を作業員として雇用することで、失業している人が職を得ることが可能となるわけです。それをイメージしたものが下のイラストになります。

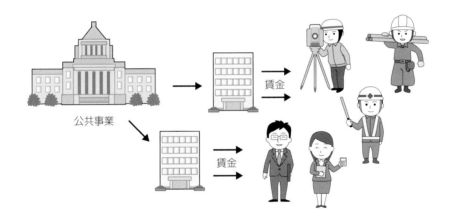

職を得ることで賃金が得られ元の収入に戻ることができます。この政府の行動をお風呂のお湯で考えてみましょう。

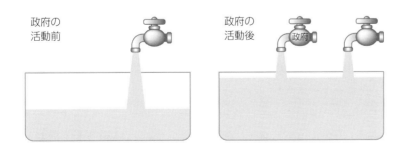

政府が公共事業を発注することは２つの蛇口からお湯を注ぐような状況になります。お風呂のお湯がいっぱいにならなくてお風呂に入れなかったのが、公共事業という新たな蛇口からお湯を出すことでお湯がいっぱいになり、ゆったりとお風呂に入ることができるようになります。この図ではお湯はお金の量を表していします。現実には第９章で学んだ**乗数効果**が働くので、公共事業として支出した金額より大きな効果を産むことになります。

　政府は財政政策によって仕事を提供することで社会にお金を供給し、景気の調整を行っています。もちろん景気の良いときには公共事業の量も少なくなります。

２．金融政策

● 中央銀行の役割としての金融政策

　皆さんは日本銀行のことを知っていますか。手元にお札があればよく見てみてください。お札には「日本銀行券」と記載してあります。

　第10章でも学びましたが、お札の本当の名前は「日本銀行券」なのです。日本銀行の主な役割の一つにお札の発行があります。ちなみに、500円硬貨などの補助貨幣は財務省が発行しています。社会にあるお金の量を適量に調整するのが日本銀行の大きな仕事の一つです。先ほど説明した「短観」などによって、景気の状況を判断して社会にあるお金の量を増やしたり減らしたりします。ただし、ここで注意してほしいのは、政府のように仕事を発注して賃金として各家庭が収入を得る方法とは全く違う方法で景気の調節をしているということです。

　1986（昭和61）年12月から1991（平成３）年２月までの51か月間は、「バブル景気」と呼ばれる景気の良い時期でした。このように景気が良い時期にはインフレーションという物価が上昇する状況になります。この状況を抑えるために日本銀行は３つの政策を行います。その一つが「**金利政策**」と呼ばれるものです。これは銀行からお金を借りるときの金利を高くし、お金が流れないようにして景気の過熱を防ぐものです。もう一つが「**公開市場操作**」（オープン・マーケット・オペレーション）と呼ばれる方法です。これは次頁のイラストにあるように、国債などの債権を社会に売ることで社会の中にあるお金を吸収する方法です。最後が「**準備預金制度**」です。これは民間の銀行等から日本銀行に強制的に預金をさせる制度で、預金者の引き出しに備えるためのお金になります。以上のような政策によって社会にお金が少なくなると、お金の動きが遅くなって景気が落ち着いていきます。

　この「バブル景気」の後、日本はデフレーションという物価が下落する状況になっています。この時期は景気が悪い状態です。では、景気の悪いときはどうするのでしょうか。金利政策で金利を下げてお金を借りやすくすることがまず考え

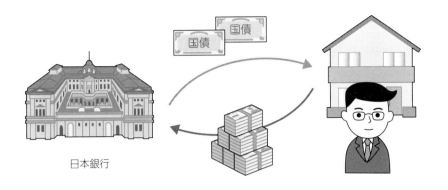

日本銀行

られます。しかし、金利はゼロまでしか下げることができません。2018（平成30）年現在の金利はほぼゼロです。この状態は長く続いていますが、良い効果を生んでいません。そこで、もう一つの方法である公開市場操作を強力に実施しています。これは社会にある国債などの債権を日本銀行が大量に購入して社会にお金を増やす方法です。しかし、お金が増えるとなぜ景気がよくなるのでしょうか。こんな例え話があります。

二組の家族に子どもが一人ずついます。夫婦はときどき子どもを預かってくれるところを探すのですが良いところがなく、お互いの家族で協力し合うことにしました。それはベビーシッター券をお互いが持ち、子どもを預けることをお願いするときはその券を相手に渡すという方法です。ところが、お互いにあまり利用しませんでした。それは万が一のときのためにその券を確保してしまっていたからです。そこで、この状況を改善する方法として、ベビーシッター券の枚数を増やすという方法が取られました。つまり、券の枚数が少ないのでお互いに使わなかったのですが、手持ちの枚数が増えると利用が促進されるということです。このベビーシッター券をお金に置き換えて考えると公開市場操作の有効性が理解しやすいと思います。

このように、お金を直接消費しなくともその環境を変化させることでお金の流通が改善されて消費が増えるのです。お風呂の話に置き換えると、蛇口から出る

水の勢いが強くなったと考えられます。

　第10章でも学びましたが、金融政策の一つである公開市場操作は、「資金供給オペレーション（売りオペレーション）」と「資金吸収オペレーション（買いオペレーション）」と呼ばれる操作があります。「売りオペレーション」は、国債などの債券を日本銀行が売り出して社会のお金を吸収する行為です。「買いオペレーション」は、日本銀行が債権を買って社会にお金を供給する行為です。

　　　売りオペレーション：日本銀行が債券を販売　→　社会のお金を吸収
　　　買いオペレーション：日本銀行が債券を購入　→　社会にお金を供給

3. 財政の仕組み

● 日常生活の中の財政

　国にも家計簿のようなものが存在しています。簡単にいうとそれが財政です。本節ではその内容についてみていきます。

　財政を考える上で重要なのは税金です。これは国の収入になります。税金には直接税と間接税があります。皆さんの身近な税金では、所得税が直接税で消費税が間接税になります。

　ところが日本ではもう一つ大きな収入があります。それは借金です。金融政策の説明で国債の売買による公開市場操作を説明しましたが、2018（平成30）年現在、わが国の収入の約3分の1が国債発行による借金です。では、支出の方はどうでしょうか。最も多いのは社会福祉費などからなる社会保障関係費が約3分の1、その次が国債費で約4分の1、さらに地方交付税交付金等が約6分の1で続きます。その割合を図11－1に示しています。

　国や地方自治体の予算は**一般会計**と**特別会計**に分かれますが、図11－1は一般会計予算のグラフです。一般会計と特別会計の特徴は表11－1を参照してください。ここでは一般会計を例として財政を説明していきます。

　このグラフを見て借金が多いと感じますか。もう一つ重要な点があります。年度ごとに違うのですが、収入に占める国債の割合と支出に占める国債の割合です。この差を見るにあたって、まずは基礎的財政収支（プライマリーバランス）という用語の説明から始めます。**プライマリーバランス**とは、以下のように定義されています。

　　　プライマリーバランス＝借金を除いた収入－借金返済を除いた支出

　わが国の2018（平成30）年度予算では、「借金を除いた収入 ＜ 借金返済を除いた支出」となっていますね。このことは収入よりも支出が多く、財政は赤字で

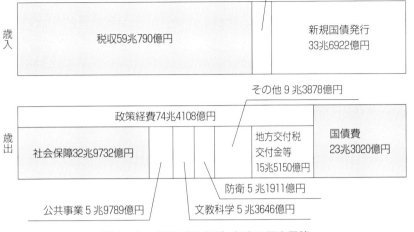

図11-1 2018（平成30）年度の国家予算

注：政策経費の総数と内訳は四捨五入の関係で一致しない

表11-1 一般会計と特別会計

一般会計	福祉や教育、消防など、国民・住民のために広く行われる事業に関する予算
特別会計	一般会計以外の事業や資金の運営の予算

あることを示しています。また、この状況が続くと借金が増加することになります。その逆の場合は借金が減少する状況になります。

わが国は1992（平成4）年以降、プライマリーバランスがマイナスの状態が続いています。その結果、世界最大の債務国家になっています。図11-2で示すように急速に債務が累積していることが分かると思います。この累積債務は大きな問題となっています。

財政に関してもう一つ説明したい用語があります。それは**「財政力指数」**です。その定義は以下のようになります。

$$財政力指数 = \frac{基準財政収入額}{基準財政需要額}$$

基準財政収入額とは、決められた基準による地方自治体の税金による収入で、国からの補助金や地方債などによる収入を除いた額になります。一方、基準財政需要額とは、決められた基準による地方自治体の支出額です。財政力指数が1を超えていると、地方自治体が国に頼らず自治体の運営をしていることを意味します。しかし、現実には1を超える自治体は東京都などのほんの一部の自治体だけです。

「三割自治」という言葉があります。これは地方自治体の自主財源が少ないこ

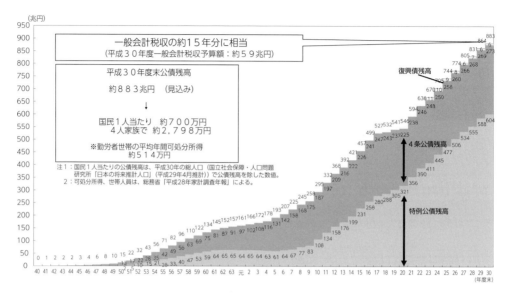

図11-2　日本の累積債務額

注１：公債残高は各年度の３月末現在額。ただし、平成29年度末は補正後予算に基づく見込み、平成30年度末は予算に基づく見込み。
　２：特例公債残高は、国鉄長期債務、国有林野累積債務等の一般会計承継による借換国債、臨時特別公債、減税特例公債及び年金特例公債を含む。
　３：東日本大震災からの復興のために実施する施策に必要な財源として発行される復興債（平成23年度は一般会計において、平成24年度以降は東日本大震災復興特別会計において負担）を公債残高に含めている
　　（平成23年度末：10.7兆円、平成24年度末：10.3兆円、平成25年度末：9.0兆円、平成26年度末：8.3兆円、平成27年度末：5.9兆円、平成28年度末：6.7兆円、平成29年度末：6.4兆円、平成30年度末：5.8兆円）。
　４：平成30年度末の翌年度借換のための前倒債限度額を除いた見込額は828兆円程度。
出典：財務省「公債残高の累積」

とを表す言葉ですが、財政力指数が0.3という意味に解釈されることがあります。この場合、自主財源は30％で残りは国からの補助金が財源となります。しかし、この補助金には使途の制限があるため、自治体が自由に使用できません。憲法では地方自治の保障を明確に規定しているにもかかわらず、それが実現できない原因の一つに挙げられています。

4．社会保障

●貧困と所得格差

　筆者が経済学を学び始めたころに、「経済学とは、貴重な資源を効率的に配分する学問である」と教わったことを覚えています。これは貧困を解消することが経済学の一つの課題であり、「全ての人に十分な量がなければ、それをいかに配分すれば全体の幸せが増加するか」という問いに置き換えられます。現在、経済学の研究が進み、人間を合理的に行動する生き物から本来の人間の姿を意識した、つまり感情の生き物である人間として扱うようになり、人間の行動についての分

析が多方面から進められています。また、社会の変化により新たな問題も発生しました。この節でそれらの点についてもふれてみたいと思います。

世界的な貧困問題として「**南北問題**」があります。これは先進国の多くが地球の北側にあり、開発途上国の多くが南側の暖かい地域、アフリカや南アメリカそして東南アジアに立地しているという問題です（図11－3）。この原因については長い間の議論がありました。立地によって宿命的に運命づけられているといった説もありましたが、現在では、かつて欧米諸国が行った植民地支配の影響による社会制度をその原因とする説が有力とされています。つまり、経済を発展させるには資源よりもその制度が重要であるという分析です。

経済成長を促すためには、アントレプレナーシップ（entrepreneurship）、日本語では企業家精神と訳される、新しい事業の創造意欲に燃え、高いリスクに果敢に挑む姿勢が重要であると考えられています。植民地として支配されていた国々では、このアントレプレナーシップが育成され難い環境になっていたということが、貧困問題を抱えることになった原因とみなされています。

もう一つの問題に「所得格差」があります。2016年に国際NGOのオックスファム（OXFAM）は、世界の上位1％の富裕層の資産が最下位から数えて半分までの人の資産の合計と同じになるという報告書を発表しました。次頁のイラストは、資産を持つお金持ちはどんどんお金持ちになり、貧乏な人は置き去りにされてしまう状況のイメージです。

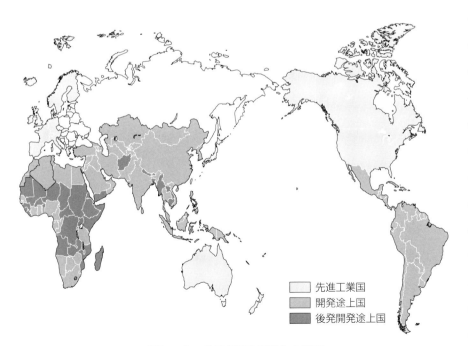

図11－3　世界各国の工業化の状況

出典：『THE STATE OF THE WORLD'S CHILDREN』2001

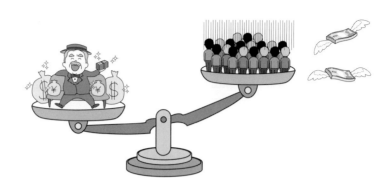

　この原因について経済学者のトマ・ピケティ（Piketty, T.）は、著書『21世紀の資本』で、世界の多くの国で所得格差が拡大していることを税務資料から実証しました。その著作では資本収益率は経済成長率を常に上回るという歴史的事実を指摘しています。この意味は「**資本収益**」[*1]と「**経済成長**」[*2]という2人のランナーが走る速度は「資本収益」の方が速いという状況に置き替えられます。戦争などで資本が消失する、つまりレース中に転んだりしてもレースを続けていれば「資本収益」は「経済成長」を必ず追い越すことになります。

　仮に日本の「経済成長率」の目標値を2％、「資本収益率」が5％とすると、10年間の成長率・収益率は以下のようになります。

$$10年間の経済成長率：(1 + 0.02)^{10} = 約1.22 \Rightarrow 約122\%$$
$$10年間の資本収益率：(1 + 0.05)^{10} = 約1.63 \Rightarrow 約163\%$$

　毎年の差は3％ですが、10年間では約40％の違いになります。10周走るトラック競技に当てはめると、1周目の差は少なくともゴール前にはその差が大きくなるということです。このことが「所得格差」を発生させる原因とする主張です。日本でも「所得格差」が問題となっています。

● 日本の社会保障

　貧困になったときにその生活を助ける制度として「社会保障」があります。困ったときにはお互いに助け合うことが必要です。縄文時代の遺跡である入江貝塚（北海道西部）から人骨が発見されていますが、その中に10代に小児麻痺を発症したと思われる女性の人骨が含まれていました。縄文時代は食料も十分ではなく、人骨に飢餓線（飢餓状態で骨の成長が止まっていた時期に形成される）を持つ場合も見られますが、この遺跡についての研究報告では、小児麻痺の女性がその集団から見捨てられることもなく一生を終えたとされています。縄文時代から比較すればはるかに豊かになった現在の日本で孤独死が発生することを考えると、豊かさとは何かということを考えさせられます。

★1　資本収益・資本収益率
「資本収益」とは、資本を使って投資や利息によって利益を得ることです。「資本収益率」とは、その資本から得られる利益の割合です。

★2　経済成長・経済成長率
「経済成長」とは、人口増加と労働生産性上昇の合計です。「経済成長率」とは、その二つの伸び率の合計です。「経済成長率」は働く人たちの収入の増加とほぼ同じ割合になります。

日本の社会保障は制度として確立されています。生活を守るセーフティネットとして生活を生涯にわたって支え、基本的な安心を提供することを目的としています。この制度を大きく分類すると「**社会福祉**」「**公的扶助**」「**社会保険**」「**保健医療・公衆衛生**」の4つになります。公的扶助の中の生活保護は、憲法第25条（生存権の保障）を具体化したもので、生活に困窮するすべての国民に対し、その困窮の程度に応じて必要な保護を行い、健康で文化的な最低限度の生活を保障するとともに、その自立を支援することを目的としています。

　次に、社会保険の中の年金制度にふれたいと思います。年金は毎月定期的・継続的に給付される金銭です。この制度は原則として積立方式（債権と同じ仕組み）となっていますが、日本では「世代間扶養」の側面も大きくなっています。また、国民年金・厚生年金が併存する「2階建て構造」になるなど、歴史的にやや複雑なシステムとなっています。政府は少子化により年金制度の改革を2004（平成16）年より行っています。図11－4はその仕組みを示しています。政府は少子化が進展しても財源の範囲内で給付費を賄えるように年金額の価値を自動的に調節する仕組み（マクロ経済スライド）を導入しています。

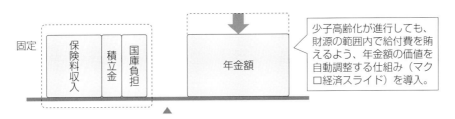

図11－4　年金制度を持続させるためのフレームワーク

　なお、社会保障制度を通じて国民に給付される金銭サービスの合計額を表す社会保障給付費は、図11－5にあるように年々増加しています。そして、その内訳は年金が約50％を占めています。

　この背景には高齢化と少子化の進行があると考えられます。これからの日本を担う読者の皆さんはこの問題をどのように考えるでしょうか。人口を維持するためには1組の夫婦に2人以上の子どもが必要です。しかし、合計特殊出生率[★3]が1.43（2017［平成29］年）であることを考えると、何か別の方法を考える必要がありそうですね。一般的には、消費税の引き上げなど、収入面での安定性確保が模索されますが、他の例としては、外国人の受け入れがあります。日本は島国という地政学的な特徴からこの点について先進国の中ではかなり消極的でしたが、少子高齢化が進み、さまざまな議論がなされています。

　先にも述べましたが、年金制度を議論するときに債権として考える必要があります。支払う金額と受給される金額を現在の価値に換算して比較するということ

★3　**合計特殊出生率**
15歳から49歳までの女性の年齢別出生率を合計したもの。1人の女性が生涯に産む子どもの数とされる。

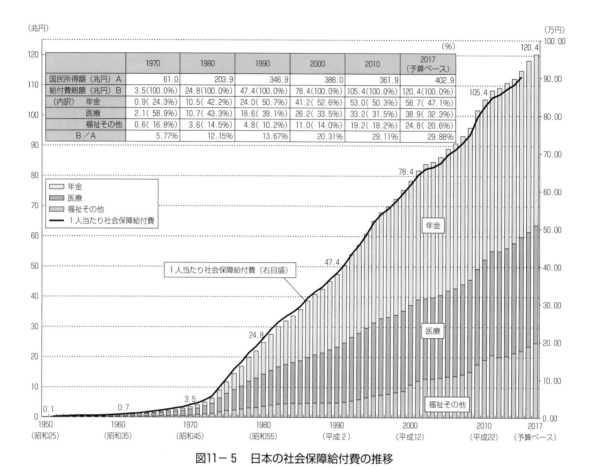

図11-5　日本の社会保障給付費の推移

注1：国立社会保障・人口問題研究所「平成27年度社会保障費用統計」、2016年度、2017年度（予算ベース）は厚生労働省推計、2017年度の国民所得額は「平成30年度の経済見通しと経済財政運営の基本的態度（平成30年1月22日閣議決定）」
　2：図中の数値は、1950、1960、1970、1980、1990、2000及び2010並びに2017年度（予算ベース）の社会保障給付費（兆円）である。

出典：厚生労働省「社会保障給付費の推移」

です。年金に関しては、これまでの受給者の条件よりも将来の受給条件が良くないことが議論されることがあります。債権であればその利回りが銀行金利を上回っているのであれば、参加する価値はあります。この点を十分調査した上で議論を進めることが必要です。感情論による議論ではなく、イギリスの経済学者アルフレッド・マーシャル(Marshall, A.)の言葉のように、Cool Head, but Warm Heart.（冷静な頭脳を持つ一方で、暖かい心を持とう）が必要です。

　経済学は社会の仕組みを分析して合理的な意思決定をする方法を提示してくれます。社会の仕組みを理解し、より実り多い人生を送る知識として経済学が読者の皆さんに役立つことを願ってこの章を閉じます。

▶ 第11章 経済政策

経済学から解放される日

　　　　皆さんは何のために経済学の勉強をしていますか。試験のためでしょうか。

　ある学生が経済学の単位を取得した後に、経済学の教科書を手に持って「もうこんな勉強一生しないから、誰かほしい人がいたらあげるよ」と言っていました。今後、経済学の知識を問うような試験を強制的に受けさせられることはないかもしれませんが、社会生活の中で経済学から逃れることはできないようです。

　例えば、就職先を決める場合に何を基準に企業を選択しますか。企業の規模、知名度、待遇などでしょうか。中には縁だから内定した会社に就職するという人もいるかもしれません。しかし、どんなに大きな会社でも景気の変動の影響を受けない会社はありません。政府の政策で会社の経営方針が左右されることもしばしばです。そしてどの企業も倒産の可能性はあります。しかし、経済原理によってこれらを予測することはある程度可能です。

　経済学は社会生活の密着した学問です。その知識を利用しない日は一日もないほどです。どうやら経済学から解放される日は来ないように思えます。

第11章の練習問題

1. 日本の景気の判断はどのようにして行われているか説明しなさい。

2. 公開市場操作（オープン・マーケット・オペレーション）の「売りオペレーション」と「買いオペレーション」の仕組みを説明しなさい。

3. プライマリーバランスについて説明しなさい。

第12章 国際経済

本章に
関連する一枚

これは貿易船と輸出車の写真です。世界の経済は密接につながっています

　今日の世界において、商品、サービス、資本、技術、労働力の国際的移動はますます加速し、各国の生産力の発展に伴って、必然的に国際的経済関係が促進されてきました。国際経済学は、国と国との間で行われている財やサービスの貿易、お金のフロー（流れ）、国境をまたぐ投資などを取り扱う学問です。具体的には、家計、企業、政府などの経済主体の経済行動に伴って生じる国際間の貿易、決済、資本移動などの現象について、その法則性を解明し、それに関連して政府や国際機関がとる経済政策の整合性や効果の分析を主要課題とします。特に、①国際収支、②貿易構造、③国際金融、④外国為替、⑤国際政策協調などのテーマがあります。第12章では、国際経済学の入門編として学びます。

第12章 国際経済

> **本章で学ぶこと**
> ・国際収支統計を読み解き、日本と海外との経済関係の概要を把握します。
> ・貿易の構造と主な貿易理論を理解します。
> ・国際金融市場およびその機能について学びます。
> ・外国為替市場および外国為替相場制度の概要をマスターします。
> ・国際経済政策協調について学びます。

1. 国際収支

● 日本の国際収支統計

　国際収支とは、一定期間における日本の居住者と非居住者の間の所有権の移転を伴う取引を、複式簿記の原則に基づいて包括的に記録したもので、いわば国際取引全体の記録です。表12－1が示すように、海外から国内に入ってくるお金と、国内から海外に出ていくお金を種類別に分類したもので、国際的な資金移動の規模を把握する上で不可欠な統計です。日本はIMF（国際通貨基金）が公表したマ

表12－1　日本の国際収支の推移

(単位：兆円)

	2010年	2011年	2012年	2013年	2014年	2015年	2016年 (P)
経常収支	19.4	10.4	4.8	4.5	3.9	16.4	20.6
貿易・サービス収支	6.9	−3.1	−8.1	−12.3	−13.5	−2.3	4.6
貿易収支	9.5	−0.3	−4.3	−8.8	−10.5	−0.6	5.6
輸出	64.4	63.0	62.0	67.8	74.1	75.3	68.9
輸入	54.9	63.3	66.2	76.6	84.5	75.9	63.3
サービス収支	−2.7	−2.8	−3.8	−3.5	−3.0	−1.7	−1.0
第一次所得収支	13.6	14.6	14.0	17.7	19.4	20.7	18.1
第二次所得収支	−1.1	−1.1	−1.1	−1.0	−2.0	−1.9	−2.1
資本移転等収支	−0.4	0.0	−0.1	−0.7	−0.2	−0.3	−0.7
金融収支	21.7	12.6	4.2	−0.4	6.2	21.1	28.9
直接投資	6.3	9.3	9.4	14.2	12.5	15.8	14.6
証券投資	12.7	−13.5	2.4	−26.6	−4.8	16.1	30.5
金融派生商品	−1.0	−1.3	0.6	5.6	3.8	2.1	−1.7
その他投資	−0.0	4.4	−5.1	2.5	−6.1	−13.5	−13.9
外貨準備	3.8	13.8	−3.1	3.9	0.9	0.6	−0.6
誤差脱漏	2.8	2.2	−0.5	−4.1	2.6	5.0	9.0

注1：Pは速報値。
　2：四捨五入のため、合計に合わないことがある。
　3：金融収支のプラス（＋）は純資産の増加、マイナス（−）は純資産の減少を示す。
　4：誤差脱漏は統計上の時差や国際的支払い差額の実態とのズレを示す。
出典：財務省「国際収支の推移表」を基に作成

ニュアルに基づいて国際収支統計を作成しています。

国際収支統計表の主要項目別計上方法は、表12-2の通りです。「経常収支＋資本移転等収支－金融収支＋誤差脱漏＝0」の式で表します。そのうち、経常収

表12-2　国際収支統計表の項目別計上方法の概要

【経常収支】財貨・サービスの取引や、所得の受払、経常移転を記録します。
【貿易・サービス収支】生産活動の成果である諸品目の取引を計上します。
【貿易収支】財貨の取引（輸出入）を計上する項目です。「一般商品」「仲介貿易商品」「非貨幣用金」に区分します。
【サービス収支】サービス取引を計上する項目です。「輸送」「旅行」「その他サービス」に区分します。
【第一次所得収支】生産過程に関連した所得および財産所得を計上し、「雇用者報酬」「投資収益」「その他第一次所得」に区分します。
【第二次所得収支】経常移転による所得の再配分を計上します。「移転」とは、「交換」と対比される取引の概念であり、当事者の一方が経済的価値のあるもの（財貨、サービス、金融資産、非金融非生産資産）を無償で相手方に提供する取引を指します。国際収支統計は複式計上を採用しており、無償で提供されたものと見合う価値をこの項目に記録します。居住者の部門によって「一般政府」と「一般政府以外」に区分します。
【資本移転等収支】「資本移転」と「非金融非生産資産の取得処分」を計上します。
【資本移転】①資産（現金、在庫を除く）の所有権移転を伴う移転、②当事者の少なくとも一方が資産（同上）を取得しまたは処分する義務を負う移転（例えば、いわゆる投資贈与）および③債務免除を計上します。居住者の部門によって「一般政府」と「一般政府以外」に区分します。
【非金融非生産資産の取得処分】天然資源（鉱業権、土地等）、経済資産として認識される契約・リース・ライセンス（排出権、移籍金等）およびマーケティング資産（商標権等）の取引を計上します。鉱業権や商標権の取引のうち、この項目に計上するのは権利の売買です。
【金融収支】対外金融資産負債に係る取引を計上します。
【直接投資】国際収支マニュアルでは、直接投資の定義を「ある国の居住者（直接投資家）が、他の国にある企業（直接投資企業）に対して支配または重要な影響を及ぼすことに関連したクロスボーダー投資」としています。投下資本の形態に応じて、「株式資本」「収益の再投資」および「負債性資本」に区分します。
【証券投資】株式や債券といった証券の取引のうち、「直接投資」や「外貨準備」に該当しないものを計上します。
【金融派生商品】金融派生商品とは、他の金融商品や指数、商品に連動する金融商品です。金融派生商品を通じて特定の金融リスク（金利リスク、為替リスク、株価・商品価格リスク、信用リスク等）を金融市場で取引することができます。具体的には、オプションのプレミアム・売買差損益、新株予約権等、先物・先渡取引の売買差損益、通貨スワップの元本交換差額、スワップ取引の金利・配当金・キャピタルゲイン等を計上します。
【その他投資】「直接投資」「証券投資」「金融派生商品」および「外貨準備」のいずれにも該当しない金融取引をすべて計上します。
【外貨準備】通貨当局の管理下にあり、国際収支のファイナンスや為替介入のために直ちに利用できる対外資産を計上します。日本の国際収支統計では、外国為替特別会計や日本銀行が保有する資産で、外貨準備として保有されているものの増減を計上します。

出典：日本銀行「項目別の計上方法の概要」を基に作成

支とは、国全体の海外とのお金の収支の合計をさします。具体的には、貿易収支、サービス収支、所得収支の合計です。また、経常収支の規模を国際比較する場合、「経常収支のGDP比」を用いて、経常収支の金額がその国の同時期の名目GDPと比較して何%になるかを示します。一方、国際収支統計表では、お金の貸し借りの項目を金融収支と呼び、直接投資、証券投資、金融派生商品、その他投資、外貨準備という項目が含まれています。

●国際収支発展段階説

1950年代に経済学者のクローサー（Crowther, G.）やキンドルバーガー（Kindleberger, C. P.）によって提唱された国際収支発展段階説によれば、一国の経済発展に伴う国際収支パターンを、ストック（資産）である対外純資産負債残高とフロー（流れ）である資金の流出入の状況から、①未成熟債務国、②成熟債務国、③債務返済国、④未成熟債権国、⑤成熟債権国、⑥債務取崩国という6つの発展段階を想定し、①から⑥へと発展するものと仮定しています（表12-3）。

ここでは、特に「⑤成熟債権国」に焦点を当てます。「成熟債権国」とは、豊かなスキルを保有しているが所得のピークが過ぎた中年後期のような国の段階です。この段階では工業生産力が一層低下し、再び貿易・サービス収支が赤字化します。しかし、第一所得収支（所得収支）の黒字額が貿易・サービス収支の赤字を上回るため、経常収支は黒字を維持し、金融収支（資本収支）は赤字です。したがって、対外純資産は増加します。

日本は、1970年代に「未成熟債務国」に入ったといわれましたが、現在はそこから「成熟債権国」へ移行しつつあると思われます。表12-1の推移から、投資

表12-3 国際収支発展段階説

各 段 階	特　　徴
①未成熟債務国	経済発展の初期段階では、国内貯蓄で国内投資を賄えず、投資資金を資本流入に頼らざるを得ないため、貿易・サービス収支は赤字になります。
②成熟債務国	経済発展に伴って、貿易・サービス収支は黒字化しますが、過去の債務利払いが続くため、経常収支の赤字が続きます。
③債務返済国	貿易・サービス収支の黒字が拡大して投資収益収支の赤字を上回ると、経常収支は黒字となり、過去の対外債務を返済し始めます。
④未成熟債権国	対外債務の返済が終わり、投資収益を受け取る段階になると、経常収支はさらに拡大し、資本輸出も増加します。
⑤成熟債権国	後発国の経済発展によって、貿易・サービス収支は赤字化しますが、投資収益収支の黒字が続くため、経常黒字は維持されます。
⑥債務取崩国	投資・サービス収支の赤字が拡大し、投資収益収支の黒字を上回ると、経常収支は赤字となり、対外債権も減少に転じます。

出典：金融辞典編集委員会編『大月金融辞典』大月書店　2002年　p.208を基に作成

収益を中心にした第一次所得収支の黒字が貿易収支の赤字をカバーし、経常収支の黒字を維持していることが確認できます。まさに、「貿易立国日本」から「投資立国日本」へ転換したといえます。

2．貿易

● 日本の貿易相手国

貿易（輸出入）とは、外国と財やサービスの売り買いの取引をすることです。外国に商品を売ることを輸出、外国から買うことを輸入といいます。外国で商品を買って、別の外国にその商品を売る三国間貿易という形もあります。

日本は、中国、アメリカ、ドイツに次ぐ4番目の貿易大国です。貿易は、国内外の経済動向や産業構造の変化などによって、取引の品目が変化します。日本は資源が乏しく、原油などの燃料資源や工業用原料などの大部分を海外から輸入し、それを加工・製品化して輸出する加工貿易を得意として経済成長を遂げてきましたが、日本の貿易構造はさまざまな変遷をたどってきました。

表12－4のように、財務省「貿易統計」によると、2016年における日本と外国との間の貿易総額は約136兆円であり、これは1995年の73兆円の1.86倍弱となります。一方、日本の最大貿易相手国は2006年まではアメリカでしたが、2007年に中国がアメリカに取って代わり、以降10年間続いてきました。2016年の日本の貿易相手国上位10か国は表12－4の通りですが、そのうち、いわゆる「東アジア」（中国、韓国、台湾、香港）との貿易総額は47.8兆円に上り、日本の対外貿易総

表12－4　2016年の日本の貿易相手国上位10か国（輸出入総額）

順位	国・地域別	輸出入総額（兆円）	全体に占める割合
1	中国	29.4	21.6%
2	アメリカ	21.5	15.8%
3	韓国	7.7	5.7%
4	台湾	6.8	5.0%
5	タイ	5.2	3.8%
6	オーストラリア	4.9	3.6%
7	ドイツ	4.3	3.2%
8	香港	3.9	2.8%
9	インドネシア	3.2	2.4%
10	マレーシア	3.2	2.3%
11	その他	46.0	33.8%
	全体	136.1	100.0%

出典：日本税関統計を基に作成

額の35.1%を占めています。

● 日本の貿易構造（輸出入品目）

表12-5のように、2016年の日本の財別輸出総額の半分は、資本財（50.8%）の輸出です。そのうち、一般機械、電気機械、輸送機器の全体におけるシェアは、それぞれ19.5%、16.4%、10.6%です。また、工業用原料（22.6%）、耐久消費財（17.3%）と資本財（50.8%）の合計は、全体の90.7%となり、日本の輸出優位は明らかです。

一方、財別輸入総額の4割以上を占めているのは工業用原料（42.0%）であり、そのうち、鉱物性燃料18.2%、化学工業生産品10.3%、粗原料5.3%となり、まさに「資源輸入国日本」の姿を物語っています。

表12-5　2016年の日本の財別輸出入状況

（単位：1,000ドル、%）

	輸出金額	シェア	輸入金額	シェア
総額	644,578,799	100.0	607,019,750	100.0
食料及びその他の直接消費財	5,456,507	0.9	57,714,145	9.5
工業用原料	145,523,581	22.6	254,945,700	42.0
粗原料	8,429,904	1.3	32,091,365	5.3
鉱物性燃料	8,989,684	1.4	110,614,404	18.2
化学工業生産品	62,085,630	9.6	62,680,974	10.3
金属	37,608,727	5.8	18,915,306	3.1
繊維品	6,071,574	0.9	6,350,615	1.1
資本財	327,279,707	50.8	180,585,491	29.8
一般機械	125,572,393	19.5	58,929,735	9.7
電気機械	105,733,339	16.4	92,086,246	15.2
輸送機器	68,355,667	10.6	17,389,320	2.9
非耐久消費財	5,704,088	0.9	47,232,219	7.8
繊維製品	809,525	0.1	29,249,397	4.8
耐久消費財	111,560,855	17.3	50,662,156	8.4
家庭用品	564,809	0.1	1,737,494	0.3
家庭用電気機器	1,291,049	0.2	6,949,242	1.1
乗用車	91,899,902	14.3	10,335,335	1.7
二輪自動車類・自転車類	4,023,789	0.6	1,829,259	0.3
玩具・楽器類	4,322,532	0.7	5,844,400	1.0
その他	49,054,060	7.6	15,880,040	2.6

出典：JETRO「ドル建て貿易概況」を基に作成

● 貿易の利益

　ここで、貿易による利益について考えてみたいと思います。「ある財について、外国からの輸入品の価格は一定であるとします。この仮定は、この国の輸入量が世界全体の取引量に比べて十分に小さく、世界の取引価格の水準に影響を与えることができないというもので、小国の仮定と呼ばれています」[1]。したがって、図12－1の輸入品の供給曲線S^fは、輸入価格の水準で水平となっています。関税がかけられない自由貿易の下では、財の国内価格は輸入品の価格と同じになります。

　図12－1のように、総需要量がX_2で、そのうち国内生産量がX_1、輸入量がX_2-X_1となります。消費者余剰は△$DS^f A$、生産者余剰は△$S^f SB$で表されています。貿易を行わなかった場合の国際均衡Eと比べると、消費者余剰の増加分が、生産者余剰の減少分を△EBAだけ上回っています。貿易によって、このように厚生が増加することを**貿易の利益**といいます。国内生産は縮小し生産者余剰は減少してはいますが、社会的厚生は上昇したと見なされます。この財の生産を縮小したことによって節約される資源と労働は、他のより有利な市場に回されることになります。

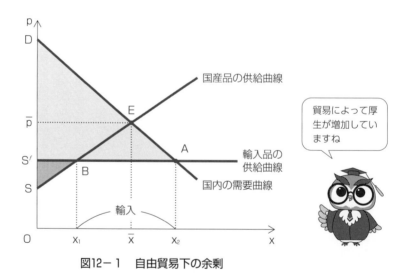

図12－1　自由貿易下の余剰

● 比較優位説

　外国貿易が行われる原因、また商品の輸出と輸入の過程を最初に明らかにした理論が、**比較優位説**（theory of comparative advantage）です。これは19世紀初めにイギリス経済学者デヴィッド・リカード（Ricardo, D.）によって初めて唱えられた、国際分業および貿易に関する基礎理論です。この理論を一言でいえば、「各国がそれぞれ相対的に有利な（生産性の高い）財の生産に特化し、生産物を

相互に交換（貿易）すれば、各国ともに利益が得られる」というものです。

ある財（例えば自動車）を生産するには、さまざまな資源（鉄、ガラス、ゴム等）の投入が必要です。経済学では、ある財を生産するための費用は、その財を生産したために被った犠牲の大きさで測ります。これが**機会費用**（opportunity cost）の概念です。

国際貿易が世界の財の生産量増加をもたらす理由は、各国が**比較優位**をもつ財の生産に特化させてくれるからです。国が比較優位を持つというのは、その財を生産するための**機会費用**をほかの財で測ったものが、ほかの国に比べて低いということです。つまり、機会費用の違いは、相互に有益な世界生産の再配置の可能性を与えてくれます。二国間の貿易は、それぞれの国が比較優位を持つ財を輸出すればどちらの国にとっても利益になり得るのです。

● ヘクシャー＝オリーン理論

ある要素が豊富な国は、生産がその要素集約的な財を輸出します。例えば、ある国が繊維製品の輸出国になるのは、労働豊富（外国に比べて）で、繊維製品の生産が労働集約的（一般機械生産に比べて）だからです。同様に、他の国が一般機械輸出者になるのは資本豊富で、一般機械生産が資本集約的だからです。この貿易パターンの予測は、2財2要素2国版であり、いわゆる「**ヘクシャー＝オリーンの定理**」です。実際に、国は、その国に豊富に存在する生産要素を用いて生産された財を輸出する傾向がある、という多財・多要素・多国版が多く見られます。なお、ヘクシャー＝オリーンの定理は比較優位説を生産要素の相対価格関係から基礎づけたものです。

3. 国際金融

● 国際金融市場

経済の中には余剰資金を持つ者と資金不足にある者が存在します。その余剰資金を資金不足にある経済主体に回し、資金の過不足を調整するのが金融であり、そのための市場を金融市場といいます。

国際金融市場とは、金融取引が国際的に行われる市場のことで、主に資金の過不足状態にある居住者と非居住者が取引をしていますが、非居住者同士が取引をすることもあります。国際金融市場での取引は、自国通貨建ておよび外貨建てで行われています。ただし、居住者同士の金融取引であっても、BIS（国際決済銀行）の統計では、例えば日本人が日本の銀行に外貨預金をするといったように、それが外貨建てである場合は、国際金融取引に含めています。

第1節で学んだ国際収支統計表との関連については、金融収支に計上される資

本取引のうち、明らかに市場原理に基づいて市場で取引されるものといえます。したがって、政府経済援助、国際機関への出資やその融資といった公的部門の取引は市場を通じて行われていないため、国際金融市場を形成しているとはいえません。民間部門の取引でも、M&A（合併と吸収）ではなく、新規の海外子会社設立のための出資、親会社と海外子会社間の資金の融通、親子間やグループ企業間の貿易に伴う企業間信用などはどちらともいえないところがあり、こうした取引も国際金融市場を形成するかどうかは明確ではありません。一般的に言えば、金融収支の中で、商業銀行や証券会社といった金融機関が介在した資本取引がなされている市場のこととなります。

●国際金融市場の機能

マクロ的にいうと、国際金融市場は、市場を通じない公的部門の資本取引とも相まって、各国間の経常収支の不均衡を調達（資金不足の場合）、運用（資金過剰の場合）する役割を担っています。ミクロ的には、①ヘッジ、②投機、③裁定という3つの金融取引機能あるいは動機を通じて、遊休資金や不効率的な稼働資金をより効率的なところへと融通することによって、国際的に資本の効率的配分を図る役割を担っています。

①**ヘッジ**（hedge）とは、他の対外取引で発生したリスクを回避するために、相反する金融取引を行うことをいいます。言い換えれば、リスクを負った投機を止めるためのもので、投機と裏腹の機能をもった金融取引ともいえます。②**投機**（speculation）は、ヘッジとは正反対の行為であり、自らの価格予想に基づいて、積極的にリスクを負いながら、価格変動益を追求する行為をいいます。③**裁定**（arbitration）とは、現実経済と純粋経済理論との間の歪みを利用し、リスクを負うことなしに安全確実に、わずかな利益を確保する行為です。このような金融取引の機能を理解した上で、国際金融を学ぶことは極めて有用です。

4．外国為替

●外国為替市場

外国為替市場とは、円やドルなどの異なる通貨を交換（売買）する場をいいます。実際に、異なる通貨の交換が必要となるさまざまな出来事があります。例えば、海外旅行に行く際に銀行で円を外貨に両替するケースがあるほか、輸入を行う会社が海外との代金決済のために円を対価に外貨を調達するとか、国内の投資家が外貨建て金融資産を売買する際に円と外貨を交換する、といったケースも挙げられます。こうしたさまざまなニーズを満たすため、各国の通貨を交換（売買）する場として、外国為替市場があります。

外国為替市場の取引は、①個人や企業が金融機関と行う取引（金融機関から見て「対顧客取引」と呼ばれます）と、②金融機関同士が直接または外為ブローカーを通じて行う取引（外国為替市場における「インターバンク取引」と呼ばれます）の2つに大きく分けることができます。

● 為替相場（為替レート）

為替相場（為替レート）は、外国為替市場において異なる通貨が交換（売買）される際の交換比率です。一般に、日本で最も頻繁に目にする為替相場は円・ドル相場ですが、そのほかにもさまざまな通貨の組み合わせに関する相場が存在します。変動相場制においては、為替相場は市場における需要と供給のバランスによって決まります。

「本日の東京外国為替市場の円相場は、1ドル＝○○円××銭と、前日に比べて△△銭の円高ドル安でした。」などと報じられていますが、通常、これは「**インターバンク取引**」、つまり「銀行間取引」の為替相場を指しています。これに対し、個人が銀行で小口の両替や外貨預金をするといった「対顧客取引」の為替相場は、いわば小売り段階のものであり、インターバンク取引の為替相場とは異なります。

● 円高と円安

円高とは、円の他通貨に対する相対的価値、言い換えると、円1単位で交換できる他通貨の単位数が相対的に多い状態のことです。逆に、円安とは、円の他通貨に対する相対的価値（円1単位で交換できる他通貨の単位数）が相対的に少ない状態のことです。

例えば、日本人が旅先のハワイで買い物をするため、手元にある1万円をドルに両替するとします。為替相場が1ドル＝100円であれば、1万を100で割った100ドルになります。しかし、もし為替相場が1ドル＝80円であれば、1万を80で割った125ドルになり、また、1ドル＝125円であれば、1万を125で割った80ドルになります。これらを比べると、1ドル＝80円の場合は、1ドル＝100円の場合と比べて、同じ金額の円についてより多くのドルを取得できるので、円高ということになります。逆に、1ドル＝125円の場合は、1ドル＝100円の場合と比べて、同じ金額の円についてより少ないドルしか取得できないので、円安ということになります。

● 外貨準備

外貨準備とは、通貨当局が為替介入に使用する資金であるほか、通貨危機等により、他国に対して外貨建て債務の返済が困難になった場合等に使用する準備資

産です。日本では、通貨当局である財務省（外国為替資金特別会計）と日本銀行が外貨準備を保有しています。

● 為替介入

　為替介入は、通貨当局が為替相場に影響を与えるために、外国為替市場で通貨間の売買を行うことで、正式名称は「外国為替平衡操作」といいます。為替介入の目的は、為替相場の急激な変動を抑え、その安定化を図ることです。日本では、為替介入は財務大臣の権限において実施され、実施の決断のほか、タイミングや金額等の決定も財務大臣が行います。日本銀行は、「外国為替及び外国貿易法」および「日本銀行法」に基づき、財務大臣の代理人として、その指示に基づいて為替介入の実務を行います。

● 外国為替相場制度

　外国為替相場制度は、主に固定相場制と変動相場制に区分されますが、実際には多様な制度があります。固定相場制とは、その国の通貨をドルなどの特定国通貨や複数の国の通貨（通貨バスケット）に対して、あらかじめ公表した為替レートで固定する制度のことをいいます。一方、変動相場制は、基本的に外国為替市場での需給によって、為替レートが変動するものです。外国為替の需要が供給より多ければ、外貨高・自国通貨安になり、逆の場合は、外貨安・自国通貨高が起こります。変動相場制は二つに分かれます。一つは完全な**自由変動相場制**（free float）で、この制度の下では為替相場がいかなる動きを示そうとも当局は市場に介入しません。実際にこのような制度をとっている国はありませんが、介入の頻度の相対的に低い国がこの制度に分類され、アメリカや日本など先進国が該当します。もう一つは、通貨当局が自らの判断で、必要とあれば市場に介入し、相場の動きをコントロールする制度です。これは**管理された変動相場制**（managed float）といい、新興国、発展途上国に多く見られます。

● IMF（国際通貨基金）

　IMF（International Monetary Fund：国際通貨基金）は、1944年7月にアメリカのニュー・ハンプシャー州ブレトン・ウッズで開催された国際連合の会議で創立が決定、同会議で調印された「国際通貨基金協定（IMF協定）」により1947年3月に業務を開始した国際機関であり、2017年9月末現在の加盟国は189か国です。IMFが担う第一の責務は国際通貨制度の安定性の確保です。国際通貨制度とは、世界の国々が相互に取引を行う上で不可欠な為替レート制度、および多国間決済制度を指します。IMFの主要目的は、加盟国の為替政策の監視や、国際収支が著しく悪化した加盟国に対して融資を実施することなどを通じて、①国際貿

易の促進、②加盟国の高水準の雇用と国民所得の増大、③為替の安定などに寄与することとなっています。主な会合には、年1回秋に開催される年次総会と呼ばれる世界銀行と合同の総務会、原則年2回開催される国際通貨金融委員会などがあります。

5. 国際経済政策協調

● 国際的ルールづくりと国際政策協調

貿易・投資の自由化推進は、各国経済はもとより世界経済の持続的成長のためにも不可欠です。貿易分野では、**保護主義**の抑止とともに、国際貿易に法的安定性と予見可能性をもたらすWTO（世界貿易機関）体制の維持・強化が引き続き重要な課題です。

WTO（World Trade Organization：世界貿易機関）は、ウルグアイ・ラウンド交渉の結果1994年に設立が合意され、1995年1月1日に設立された国際機関です。本部はスイス・ジュネーブにあり、2017年12月現在、164か国・地域が加盟しています。WTOでは、各国が自由にモノ・サービスなどの貿易ができるようにするためのさまざまなルールを決め、貿易障壁を削減・撤廃するため、加盟国間で貿易交渉を行っています。また、WTOには通商摩擦を政治問題化することを防ぐため、ルールに基づいた解決を目指す紛争解決手続のシステムが設けられています。WTO協定（WTO設立協定およびその附属協定）は、貿易に関連するさまざまな国際ルールを定めています。WTOはこうした協定の実施・運用を行うと同時に新たな貿易課題への取り組みを行い、既存の貿易ルールの強化、新しい分野のルール策定、紛争解決手続の強化、諸協定の統一的な運用の確保などにおいて、多角的貿易体制の中核を担っています。

● 国際経済紛争処理

貿易・投資の分野において国際経済紛争が発生した場合、それを処理する制度には、主にWTO紛争解決制度、EPA★¹紛争解決章に基づく紛争解決制度、投資関連協定に基づく投資家と国との間の紛争解決（ISDS）制度があります。

WTO紛争解決制度は、加盟国の貿易紛争をWTOルールによって解決するための準司法的制度です。個別の紛争解決（訴訟）におけるWTOルールの明確化を通じ、WTOの下での多角的自由貿易体制に安定性と予見可能性をもたらしている点でWTO体制の中心的な柱の1つです。WTOの下で1995年から2015年（8月現在）までの20年間で紛争案件が497件（年平均24.8件）あり、この紛争解決制度が、WTO加盟国から信頼を得て、効果的に機能していることを示しています。

★1 EPA（経済連携協定）
貿易の自由化に加え、投資、人の移動、知的財産の保護や競争政策におけるルールづくり、さまざまな分野での協力の要素等を含む幅広い経済関係の強化を目的とする協定です。

COLUMN 自由貿易と保護貿易

　自由主義とは、貿易取引に対する数量制限、関税、輸出補助金などの国家の干渉を廃止し、自由に輸出入を行うことです。これを実現しようとする思想や政策のことを自由貿易主義、自由貿易政策といいます。

　一方、保護主義とは、国が貿易取引に対して、関税や非関税障壁により制限を加えることによって、国内産業の保護・育成などをしようとすることです。保護主義を認め実現しようとする思想や政策のことを保護貿易主義、保護貿易政策といいます。保護貿易主義は18世紀末から19世紀前半、イギリスの古典学派の自由貿易主義に対抗して、当時、新興工業国であったアメリカとドイツで主張されたものです。

　保護貿易主義の根拠は多様であり、自由貿易論のように体系化されたものではありません。それは保護貿易を必要とする要請が各国の経済発展状況の相違から発生してくるためです。その主な根拠は、①幼稚産業の保護・育成、②雇用増大のための保護、③国際収支改善のための保護の3点にまとめられます。そのうち、代表的なものは、①の幼稚産業保護論です。これはアメリカのハミルトン（Hamilton, A.）により主張され、ドイツのリスト（List, F.）により体系化されています。

　保護貿易の政策手段としては、①関税、②為替管理、③輸入数量制限、④国産品優先措置、⑤輸入課徴金、⑥輸出補助金、⑦輸出自主規制などがあります。これらの政策手段のうち、いかなる政策手段が優先されたかは時代により異なっています。

第12章の練習問題

1．以下の文章の①～⑤に当てはまる適切な用語を答えなさい。

　経常収支は、国全体と海外との財貨・サービスの取引や、所得の受払、経常移転を記録し、__①__、__②__、第一次・第二次所得収支の合計を表す。また、経常収支の金額がその国の同時期の名目GDPと比較して何％になるかを示す「__③__」を用いて、経常収支の規模を国際比較する。

　国際収支統計表の主要項目別計上方法は、「経常収支 + __④__ − __⑤__ + 誤差脱漏 = 0」の式で表す。

2．以下の文章の①～③に当てはまる適切な用語を答えなさい。

　国際収支発展段階説は、一国の経済発展に伴う国際収支のパターンを、対外純資産負債残高と資金の流出入状況から、未成熟債務国、__①__、債務返済国、__②__、__③__、債務取崩国という6つの発展段階で想定している。

3．円安と円高は日本の貿易にどのような影響を与えるか述べなさい。

序章

【引用文献】
1）金谷貞男『演習マクロ経済学［第2版］』新世社　2010年　p.1

【参考文献】
・金谷貞男・吉田真理子『グラフィックミクロ経済学［第2版］』新世社　2008年
・伊藤元重『入門経済学［第4版］』日本評論社　2015年
・浅子和美・石黒順子『グラフィック経済学［第2版］』新世社　2013年

第1章

【参考文献】
・金谷貞男・吉田真理子『グラフィックミクロ経済学［第2版］』新世社　2008年
・伊藤元重『入門経済学［第4版］』日本評論社　2015年
・浅子和美・石黒順子『グラフィック経済学［第2版］』新世社　2013年

第2章

【参考文献】
・井堀利宏『入門ミクロ経済学［第2版］』新世社　2004年
・N・グレゴリー・マンキュー著、足立英之・石川城太・小川英治・地主敏樹・中馬宏之・柳川隆訳『マンキュー入門経済学［第2版］』東洋経済新報社　2014年
・スティーヴン・レヴィット／オースタン・グールズビー／チャド・サイヴァーソン著、安田洋祐監訳、高遠裕子訳『レヴィット　ミクロ経済学　基礎編』東洋経済新報社　2017年

第3章

【参考文献】
・武隈愼一『新版ミクロ経済学』新世社　2016年
・N・グレゴリー・マンキュー著、足立英之・石川城太・小川英治・地主敏樹・中馬宏之・柳川隆訳『マンキュー入門経済学［第2版］』東洋経済新報社　2014年

第4章

【参考文献】
・伊藤元重『入門 経済学［第4版］』日本評論社　2015年
・奥野正寛『ミクロ経済学入門［第2版］』日本経済新聞社　1990年
・坂田裕輔『ごみの環境経済学』晃洋書房　2005年
・高橋泰藏・増田四郎編『体系経済学辞典［第6版］』東洋経済新報社　1984年
・西村和雄『入門・経済学ゼミナール』実務教育出版　1990年
・西村和雄『ミクロ経済学入門［第2版］』岩波書店　1995年
・西村和雄・八木尚志『経済学ベーシックゼミナール』実務教育出版　2008年

第5章

【参考文献】
・ジョセフ・E・スティグリッツ・カール・E・ウォルシュ著、藪下史郎・秋山太郎・

▶引用・参考文献

蟻川靖浩・大阿久博・木立力・宮田亮・清野一治訳『スティグリッツミクロ経済学［第4版］』東洋経済新報社　2013年
・R・グレン・ハバード・アンソニー・パトリック・オブライエン著、竹中平蔵・真鍋雅史訳『ハバード経済学Ⅱ基礎ミクロ編』日本経済新聞出版社　2014年
・公正取引委員会「企業結合審査に関する独占禁止法の運用指針」
http://www.jftc.go.jp/dk/kiketsu/guideline/guideline/shishin01.html（2018年9月1日閲覧）
・経済産業省「登録小売電気事業者一覧」
http://www.enecho.meti.go.jp/category/electricity_and_gas/electric/summary/retailers_list/（2018年3月30日閲覧）

第6章

【参考文献】
・安藤至大『ミクロ経済学の第一歩』有斐閣　2013年
・井堀利宏『ゼミナール公共経済学入門』日本経済新聞出版社　2005年
・神取道宏『ミクロ経済学の力』日本評論社　2014年
・西村和雄『ミクロ経済学［第3版］』岩波書店　2011年
・畑農鋭矢・林正義・吉田浩『財政学をつかむ［新版］』有斐閣　2015年
・N・グレゴリー・マンキュー著、足立英之・石川城太・小川英治・地主敏樹・中馬宏之・柳川隆訳『マンキュー入門経済学』東洋経済新報社　2008年

第7章

【引用文献】
1）玉野井芳郎『地域主義の思想』農山漁村文化協会　1979年　p.119

【参考文献】
・猪木武徳『戦後世界経済史—自由と平等の視点から—』中央公論新社　2009年
・川田侃・大畠英樹編『国際政治経済辞典』東京書籍　1993年
・下谷政弘・鈴木恒夫編『「経済大国」への軌跡—1955〜1985—』ミネルヴァ書房　2010年
・野口悠紀雄『戦後日本経済史』新潮社　2008年
・野口悠紀雄『戦後経済史』東洋経済新報社　2015年

第8章

【参考文献】
・スティグリッツ, J. E.、藪下史郎訳他『スティグリッツ　入門経済学［第3版］』東洋経済新報社　2006年
・井堀利宏『マクロ経済学』ナツメ社　2002年
・ダイヤモンド社＋栗原昇「図解　わかる！経済のしくみ［新版］」2010年　ダイヤモンド社
・内閣府「景気動向指数」
http://www.esri.cao.go.jp/jp/stat/di/menu_di.html（2018年9月1日閲覧）

【参考ホームページ】
・内閣府　http://www.cao.go.jp/（2018年9月1日閲覧）

- 総務省　http://www.soumu.go.jp/（2018年9月1日閲覧）
- 日本経済新聞　https://www.nikkei4946.com/index.aspx（2018年9月1日閲覧）
- グローバルノート―国際統計・国別統計専門サイト
  https://www.globalnote.jp/（2018年9月1日閲覧）
- 日経新聞　経済指標ダッシュボード
  https://vdata.nikkei.com/economicdashboard/macro/（2018年9月1日閲覧）
- 内閣府経済社会総合研究所（ESRI）「『シェアリング・エコノミー等新分野の経済活動の計測に関する調査研究』報告書概要」
  http://www.esri.go.jp/jp/prj/hou/hou078/hou078.html（2018年9月1日閲覧）

第9章

【参考文献】
- 飯田泰之・中里透『コンパクトマクロ経済学［第2版］』サイエンス社　2015年
- 伊藤元重『マクロ経済学［第2版］』日本評論社　2012年
- 二神孝一『マクロ経済学入門［第2版］』日本評論社　2009年

第10章

【参考文献】
- 内田浩史『金融』有斐閣　2016年
- 島村髙嘉・中島真志『金融読本［第30版］』東洋経済新報社　2017年
- 福田慎一・照山博司『マクロ経済学・入門［第5版］』有斐閣　2016年
- 家森信善『金融論』中央経済社　2016年

第11章

【参考文献】
- 第一勧銀総合研究所『基本用語からはじめる日本経済』日本経済新聞出版社　2001年
- 伊藤元重「入門 経済学［第2版］」日本評論社　2001年
- Acemoglu Laibson List『Macroecnomics』Pearson 2013
- OXFAM ISSUE BRIEFING『WEALTH : HAVING IT ALL AND WANTING MORE』JANUARY 2015
- トマ・ピケティ著、山形浩生・守岡桜・森本正史訳『21世紀の資本』みすず書房　2014年
- 鈴木隆雄・峰山巌・三橋公平「北海道入江貝塚出土人骨にみられた異常四肢骨の古病理学的研究」『人類學雜誌』92巻2号　pp.87-104　1984年

【参考ホームページ】
- 財務省　http://www.mof.go.jp/（2018年9月1日閲覧）
- 総務省　http://www.soumu.go.jp/（2018年9月1日閲覧）
- 外務省　http://www.mofa.go.jp/mofaj/（2018年9月1日閲覧）
- 内閣府　http://www.cao.go.jp/（2018年9月1日閲覧）
- 厚生労働省　http://www.mhlw.go.jp/（2018年9月1日閲覧）

第12章

【引用文献】
1）西村和雄『入門経済学ゼミナール』実務教育出版　1990年　pp.141-142

【参考文献】

- P. R. クルーグマン・M. オブストフェルド・マークJ. メリッツ著、山形浩生・守岡桜訳『クルーグマン国際経済学 理論と政策［原書第10版］上：貿易編』丸善出版　2017年
- P. R. クルーグマン・M. オブストフェルド・マークJ. メリッツ著、山形浩生・守岡桜訳『クルーグマン国際経済学 理論と政策［原書第10版］下：金融編』丸善出版　2017年
- 中條誠一『現代の国際金融を学ぶ―理論・実務・現実問題―』勁草書房　2012年　p.83
- 深尾光洋『国際金融論講義』日本経済新聞出版社　2010年
- 嶌峰義清『市場の動きを見極める経済指標の見方―金融商品投資・相談で知っておくべき知識―』一般社団法人金融財政事情研究会　2016年

【参考ホームページ】

- 財務省　http://www.mof.go.jp/　（2018年9月1日閲覧）
- 外務省　http://www.mofa.go.jp/mofaj/　（2018年9月1日閲覧）
- 日本銀行　http://www.boj.or.jp/　（2018年9月1日閲覧）

写真提供

- PIXTA（序章p.8、第2章p.33、第5章p.70、第6章p.81、第8章p.103、第11章p.143、第12章p.156）
- 産経新聞社（第3章p.44、第4章p.55、第9章p.116）
- 読売新聞社（第7章p.92）
- 写真AC（第10章p.127）

練習問題解答

序章

1.
①希少、②資本、③トレードオフ、④自由財、⑤家計、⑥企業、⑦政府、⑧家計、⑨新古典

2.
①規範的、②フロー

第1章

1.
①買い手、②売り手、③均衡、④超過供給、⑤超過需要

2.
5,000人分の超過需要

3.
$p = 500$、$x = 300$

第2章

1.
①価格、②シフト、③需要の価格弾力性

2.
（1）10個
（2）$\frac{1}{2} \times 10 \times (150 - 100) = 250$円
（3）$\frac{1}{2} \times 18 \times (150 - 60) = 810$円

3.
（1）必需品であるお米よりも、ポテトチップスの方が弾力性は大きい。
（2）水色のワイシャツの代わり（白のワイシャツなど）はたくさんあるが、衣服全般の代わりはないので、水色のワイシャツの方が弾力性は大きい。

4．
非弾力的ならば、価格を引き上げたときに、販売量はそれほど減らない（販売量の減少率は、価格の上昇率よりも小さい）。したがって、売り上げは増加する。

第3章

1．
平均費用とは、財・サービス1単位当たりにかかる費用。平均可変費用とは、財・サービス1単位当たりにかかる可変費用。平均固定費用とは、財・サービス1単位当たりにかかる固定費用をいう。

2．
限界とは1単位を追加するときの変化分のことをいう。

3．
利潤最大化の条件は、「価格＝限界費用」。価格が限界費用と等しくなること。

第4章

1．
（1） $x = 2(10 - p) = 20 - 2p$

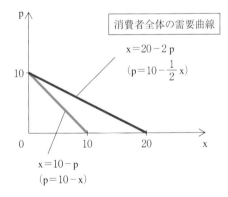

（2） x =（20－2p）+（5－$\frac{1}{2}$p）= 25－$\frac{5}{2}$p

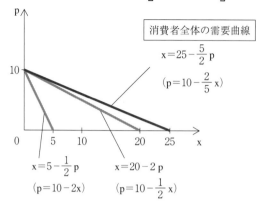

2．
（1） 均衡価格55、均衡取引量45

（2） 消費者余剰：（100－55）× 45 × $\frac{1}{2}$ = 1012.5

　　 生産者余剰：（55－10）× 45 × $\frac{1}{2}$ = 1012.5

（3） 消費者価格60、生産者価格50、均衡取引量40

（4） 消費者余剰：（100－60）× 40 × $\frac{1}{2}$ = 800

　　 生産者余剰：（50－10）× 40 × $\frac{1}{2}$ = 800

　　 税収　　　：10 × 40 = 400

（5） （2）のときの社会的余剰2025と（4）のときの社会的余剰2000との差が超過負担
　　 2025 － 2000 = 25 ないし（60－50）×（45－40）× $\frac{1}{2}$ = 25

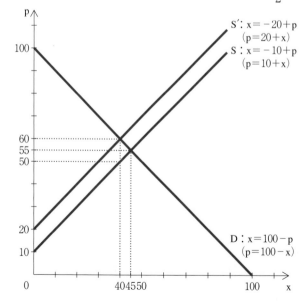

第5章

1.
①独占(もしくは独占市場)、②独占禁止法、③寡占(もしくは寡占市場)、④独占的競争

2.
A：$40^2+30^2+30^2=1,600+900+900=3,400$
B：$50^2+30^2+20^2=2,500+900+400=3,800$
C：$40^2+20^2+20^2+10^2+10^2=1,600+400+400+100+100=2,600$
D：$60^2+10^2+10^2+10^2+10^2=3,600+100+100+100+100=4,000$
よって正答はD＞B＞A＞Cである。

3.
　まず、従業員Aの考えを検討する。従業員Bが「参加する」を選択した場合、従業員Aは利得が0の「参加しない」よりも、利得が80の「参加する」を選んだ方が利得は大きいため、従業員Aも「参加する」を選択する。

　従業員Bが「参加しない」を選択した場合、従業員Aは利得が30の「参加する」よりも、利得が40の「参加しない」を選んだ方が利得は大きいため、従業員Aも「参加しない」を選択する。

　次に従業員Bの考えを検討する。従業員Aが「参加する」を選択した場合、従業員Bは利得が0の「参加しない」よりも、利得が60の「参加する」を選んだ方が利得は大きいため、従業員Bも「参加する」を選択する。

　従業員Aが「参加しない」を選択した場合、従業員Bは利得が30の「参加する」よりも、利得が60の「参加しない」を選択した方が利得は大きいため、従業員Bも「参加しない」を選択する。

　以上のことから、従業員Aも従業員Bも「参加する」というケースと、従業員Aも従業員Bも「参加しない」というケースがナッシュ均衡となる。このようにナッシュ均衡は必ずしも1つとは限らない。

第6章

1.
社会的に最適な生産量よりも多く供給してしまう。図6－1に関する記述を参考にすること。

2.
誤り。正の外部性を有する財は、個人の自発的供給に任せてしまうと社会的に最適な水準より過小になってしまうため。

3．
A

第7章

1．ブレトン・ウッズ体制
1971年のニクソン・ショックまで続き、戦後の西側諸国の経済復興を支えた。

2．ニクソン・ショック
時代背景としては、1950年代にアメリカの海外への軍事支出、政府援助、政府借款が貿易収支の黒字分以上を占め、1960年にはすでにドル危機と懸念される状況であった。さらに、1963年からベトナム戦争に全面的に軍事介入したことで、財政赤字とインフレーションが発生し、国際収支の赤字幅が拡大していた。また、1966年における外国のドル準備は、アメリカ財務省が保有する金保有額を初めて上回る事態となっていた。

3．スタグフレーション
その要因として、軍事費や失業手当などの消費的な財政支出の拡大、労働組合の圧力による名目賃金の急上昇、企業における賃金コストなどの価格上昇への転嫁などが挙げられる。

4．小さな政府
市場の価格メカニズムを乱す政府の介入は、公共財の供給やマクロ経済安定化政策など、政府にのみ適切に行いうるものに限られるとし、民間でできることは可能な限り民間に委ねるべきと考え、国営事業の民営化、規制の撤廃、国有資産の売却などを目指す。
　1960年代末から1970年代にインフレと失業が深刻であったイギリスでは、マーガレット・サッチャー首相がケインズ政策を放棄し、市場経済を重視する新古典派経済学の政策、規制緩和・民営化・競争促進・福祉削減を実行し、イギリス経済を建て直した。

5．欧州連合（EU）
1999年からは欧州中央銀行が発行する単一通貨、ユーロが導入されている。また、2012年には、欧州地域の安定及び協調路線を図る取り組みが評価されてノーベル平和賞を受賞した。2018年現在の加盟国は28か国に及んでいる。

第8章

1．
①国内、②生産、③付加価値、④経済規模、⑤景気動向

2．
①GDP、②GNP

3．
①C、②I、③G、④EX、⑤IM

4．
548.7兆円

第9章

1．
①投資、②45度線、③均衡国民所得

2．
$$\frac{1}{1-c+m} = \frac{1}{0.5} = 2$$

3．
$Y = 10 + 0.8（Y - 5）+ 50 + 10$

$0.2Y = 66$

$Y = 330$

第10章

1．
①交換手段（支払い手段）、②価値尺度、③価値貯蔵、④購買力、⑤流動性、⑥現金通貨、⑦預金通貨、⑧準通貨、⑨広義流動性、⑩マネーストック、⑪マネタリーベース、⑫資金供給オペレーション（買いオペレーション）、⑬取引的、⑭投機的、⑮国民所得、⑯減少、⑰利子率

2．
$$信用乗数 = \frac{1}{準備率} = \frac{1}{0.04} = 25 より、25倍$$

3．
（1）$\dfrac{M}{H} = \dfrac{現金・預金比率 + 1}{現金・預金比率 + 準備率} = \dfrac{0.02 + 1}{0.02 + 0.1} = \dfrac{1.02}{0.12} = 8.5$ より、8.5

（2）10兆円 × 8.5 = 85兆円より、85兆円増加する。

第11章

1.
景気動向指数や日銀が行う「短観」などにより判断される。

2.
「売りオペレーション」では、日銀が所有する国債などの債券を一般の銀行などに売り出すので、購入された代金が日銀によって吸収される。このため、市場に出回るお金の量が減少する。「買いオペレーション」では、日銀が一般の銀行などから国債などの債券を購入し、日銀がその代金を支払う。このため、市場にあるお金の量が増加する。

3.
国や地方自治体などの財政収支において、「借金を除いた収入 − 借金返済を除いた支出」のこと。

第12章

1.
①貿易収支、②サービス収支、③経常収支のGDP比、④資本移転等収支、⑤金融収支

2.
①成熟債務国、②未成熟債権国、③成熟債権国

3.
一般的に、円高ドル安は、輸入型企業の業績を向上させ、輸出型企業の業績を悪化させると考えられ、反対に、円安ドル高は、輸出型企業の業績を向上させ、輸入型企業の業績を悪化させると考えられる。

索引

IMF　166
安定均衡　29

一般均衡　29
EPA　167
EU　99
インセンティブ　12
インフレーション　146

う

売りオペレーション　132、148

え

円高　165
円安　165

欧州連合　99
大きな政府　18

買いオペレーション　131、148
外貨準備　165
外国為替市場　164
外国為替相場制度　166
外部性　82
価格調整メカニズム　65
下級財　37
家計調査　113
可処分所得　123
寡占　74
寡占市場　74
貨幣　128
貨幣経済　128

貨幣需要　135
貨幣需要関数　137
貨幣乗数　134
可変費用　45
神の見えざる手　15
カルテル　74
為替介入　166
為替相場　165
間接金融　140
完全失業率　113

機会費用　10、163
規制緩和　72
ギッフェン財　38
規範的分析　11
規模の経済　47、72
逆選択　78
供給　26
供給量　26
均衡　27
均衡価格　27
均衡国民所得　118
均衡取引量　27
銀行の銀行　131
近代経済学　17
金融　140、163
金融市場　163
金利政策　146

け

計画経済　14、98
景気動向指数　112
経済　9
経済学　9
経済厚生　65
経済財　10
経済主体　14
経済人　11
経済成長　152

経済成長率　111
経済連携協定　167
経常収支　158
ケインズ経済学　17
ゲーム理論　76
限界支出　60
限界支払意思額　59
限界収入　51、62
限界消費性向　119
限界費用　51
限界利潤　51
現金通貨　129

こ

公開市場操作　131、146
公共財　87
鉱工業指数　112
厚生経済学の第一定理　29
厚生損失　68
公正取引委員会　71
公定歩合　97
高度成長期　93
購買力　129
効用　14
合理的行動　11
国際金融市場　163
国際収支　157
国際通貨基金　166
国内総生産　104
国民所得倍増計画　93
国民総所得　110
国民総生産　106
コストプッシュ・インフレーション　95
固定費用　46

さ

サービス　9、34
財　9、34
債券　136

財市場　118
最終生産物　14
財政力指数　149
参入障壁　72
三面等価　107

し

GNI　110
GNP　93、106
死荷重　68
資金吸収オペレーション　132、148
資金供給オペレーション　131、148
資源の希少性　9
資産　129
市場　26
市場経済　14
自然独占　72
実質経済成長率　111
実質GDP　105
実証的分析　11
GDP　104
GDPデフレーター　105
支払意思額　38
資本収益　152
社会的余剰　65
従価税　68
自由財　10
自由主義　168
従量税　68
需要　25、34
需要曲線　34
需要の価格弾力性　41
需要法則　34
需要量　25、34
準通貨　130
準備預金制度　131、146
上級財　37
乗数メカニズム　120
譲渡性預金　130
消費関数　118
消費者物価指数　113
消費者余剰　38
ショートサイドの仮定　30
新古典派経済学　17
信用乗数　133
信用創造　132

スタグフレーション　95
ストック　12

生産者余剰　61
生産要素　10
セイの法則　117
政府支出乗数　121
政府の銀行　131
世界貿易機関　167

そ

操業停止点価格　53
租税乗数　123
損益分岐点価格　53

た

代替財　56
WTO　167
弾力性　41

ち

小さな政府　96
中央銀行　131
中間生産物　14
中立財　37
超過供給　65
超過需要　65
超過負担　68
直接金融　140

D. I.　144
デフレーション　146
デフレスパイラル　99

と

投資乗数　121
独占　71

独占禁止法　71
独占市場　71
独占的競争　75
トラスト　74
トレードオフ　10

な

ナッシュ均衡　29、76

に

ニクソン・ショック　95
日銀短観　112、144
日本銀行　131
日本銀行券　129

は

ハーフィンダール・ハーシュマン指数　74
発券銀行　131
バブル経済期　97
パレート最適　67、77

ひ

非価格競争　75
比較優位説　162
ピグー税　89
費用　45

ふ

複占　74
物価指数　105
物価水準　105
部分均衡　29
プライマリーバランス　148
プラザ合意　97
ブレトン・ウッズ協定　93
フロー　12

へ

平均可変費用　47
平均固定費用　48

平均費用　46
ヘクシャー＝オリーン理論　163
変動為替相場制　95

ほ
貿易　160
貿易乗数　124
補完財　56
保護主義　168
補助貨幣　129

ま
マクロ経済学　11
マネーストック　130
マネタリーベース　131
マルクス経済学　17

み
ミクロ経済学　10、23

め
名目GDP　105

も
モラル・ハザード　79

ゆ
有効求人倍率　113
有効需要の原理　117
ユーロ　99

よ
要求払預金　130
預金　129
預金通貨　130
欲求の二重の一致　128

り
リーマン・ショック　99
利益　49
利潤　45、49

わ
ワルラス的調整プロセス　65

編者紹介

米本　清（よねもと　きよし）

1976 年	東京都生まれ
2006 年	コロラド大学ボウルダー校 P h.D. 課程修了　博士（経済学）
現　在	高崎経済大学地域政策学部准教授
専門分野	都市・地域経済学
主な著書	『観光政策への学術的アプローチ』（共著）勁草書房　2016 年

宇都宮　仁（うつのみや　ひとし）

1980 年	神奈川県生まれ
2012 年	法政大学大学院経済学研究科博士後期課程修了　博士（経済学）
現　在	大正大学地域創生学部准教授
専門分野	応用理論経済学、財政・金融政策論
主な著書	『選好と国際マクロ経済学』（共著）法政大学出版局　2012 年

経済学入門

2018 年 10 月 20 日　初版第 1 刷発行
2023 年 3 月 1 日　初版第 4 刷発行

編　　集	米本清・宇都宮仁
発 行 者	竹鼻　均之
発 行 所	株式会社みらい 〒500-8137　岐阜市東興町40　第 5 澤田ビル TEL　058 - 247 - 1227 ㈹ FAX　058 - 247 - 1218 https://www.mirai-inc.jp/
印刷・製本	サンメッセ株式会社

©Yonemoto Kiyoshi,Utsunomiya Hitoshi 2018,Printed in Japan
ISBN978-4-86015-456-1 C3033

　　　　　　　　　　　　　乱丁本・落丁本はお取り替え致します。